Leipzig
Bruxelles
Cologne
Aix-la-Chapelle
BELGIQUE
Liège
ALLEMAGNE
Francfort
LUXEMBOURG
Main
Reims
Marne
Châlons-sur-Marne
Champagne
Meuse
Metz
Nancy
Rhin
Stuttgart
Strasbourg
Vosges
Moselle
Colmar
Danube
Munich
Salzbourg
Bourgogne
Besançon
Dijon
Bâle
Zurich
Zugspitze
Innsbruck
Jura
Berne
Lucerne
LIECHTEN-STEIN
AUTRICHE
SUISSE
Lausanne
Lac Léman
Genève
Saône
Rhône
Alpes
Lyon
Mont-Blanc
St-Etienne
Milan
Venise
Grenoble
Pô
Turin
ITALIE
Gênes
Nîmes
Durance
Provence
Camargue
MONACO
Nice
Marseille
Toulon
Florence
Corse
Ajaccio
Mer Méditerranée

Etudes Françaises

Découvertes 2 Série verte*

von
Monika Beutter, Esslingen; Dr. Detlev Kahl, Hamburg; Léo Koesten, Versailles; Dieter Kunert, Uelzen; Ulrike Kunert, Uelzen; Günter Leidinger, Mons/Belgien; Dr. Andreas Müller, Hannover; Wolfgang Spengler, Solingen

Weitere Mitarbeit:
Dr. Elke Arndt, Gernrode; Bernard Ginsbourger, Bremen; Dr. Alfred Göller, Stuttgart; Dr. Friedholt Heftrich, Freiburg; Walter Hornung, Münster; Klaus Mengler, Buseck; Irmhild Reimers, Buxtehude; Prof. Dr. Heribert Rück, Biebertal

Begleitende Materialien zu diesem Band:

Tonträger
- 1 *Kassette für Schüler und Lehrer* mit Lektionstexten, Gedichten und Liedern, Klettnummer 523254.
- 1 *CD für Schüler und Lehrer* (identisch mit der Kassette für Schüler und Lehrer), Klettnummer 523258.
  Lieferung über den Buchhandel oder, wo dies auf Schwierigkeiten stößt, zuzüglich Portokosten per Nachnahme vom Verlag.
- 1 *Kassette für Lehrer* mit Hörverstehenstexten, Klettnummer 523255.
  Lieferung ausschließlich direkt an Lehrerinnen und Lehrer, Schulstempel erforderlich.

Lernsoftware
Die Lernsoftware bietet gezielte Übungen zu den Vokabeln und zur Grammatik.
- **Vokabel-Training Découvertes 2** Série verte/Série bleue
  als PC Windows-Version auf 3,5″ Disketten — Klett-Nr.: 130426
  auf CD-ROM mit Sprachausgabe — Klett-Nr.: 130428
- **Grammatik-Training Découvertes 2**
  als PC Windows-Version auf 3,5″ Disketten — Klett-Nr.: 130430

* Von „Découvertes" gibt es auch eine „Série bleue" für die Bundesländer, deren Lehrpläne ein umfangreicheres Stoffangebot vorsehen.
Nähere Informationen sind dem aktuellen Fachkatalog Französisch des Ernst Klett Verlages zu entnehmen.

1. Auflage A 1 8 7 6 5 4 | 2001 2000 99 98

Alle Drucke dieser Auflage können im Unterricht nebeneinander benutzt werden, sie sind untereinander unverändert.
Die letzte Zahl bezeichnet das Jahr dieses Druckes.

Internetadresse: http://www.klett.de

Redaktion: Martin Bernard, Hélène Gukelberger-Limpaler, Dr. Rudolf Hildebrandt

Umschlaggestaltung: Christian Dekelver, Weinstadt
Zeichnungen: Gilles Bonotaux, Paris
Kartographie: Joachim Krüger, Korntal: Vorsatz vorne; Kartographisches Büro Karl-F. Harig, Höchst (Odw.) S. XXI; GEO-France, Jean-François Leconte, Paris: Vorsatz hinten
Typographische Gestaltung: Eveline Wiest, Stuttgart
Satz: Lihs, Satz und Repro, Ludwigsburg
Reproduktionen: Repro-Maurer, Tübingen
Druck: Druckerei Appl, Wemding
ISBN 3-12-523250-3

Gedruckt auf Papier aus chlorfrei gebleichtem Zellstoff, säurefrei.

Etudes Françaises

Découvertes 2

Série verte

für den schulischen Französischunterricht

von
Monika Beutter
Detlev Kahl
Léo Koesten
Dieter Kunert
Ulrike Kunert
Günter Leidinger
Andreas Müller
Wolfgang Spengler

ERNST KLETT VERLAG
Stuttgart Düsseldorf Leipzig

INHALTSVERZEICHNIS

* Der Hörtext zu Lektion 5 B ist auf S. XIX abgedruckt.

* Der Hörtext zu Lektion 8 A ist auf S. XIX abgedruckt.

* Die Texte zu den Hörverstehensaufgaben des En plus-Teils sind auf der Lehrerkassette (Klettnummer 523255) und im Lehrerbuch (Klettnummer 523253) zu finden.
⟨ ⟩ Alle Stücke in Winkelklammern sind fakultativ.

Liebe Schülerinnen, liebe Schüler,

wir wollen euch wieder ein paar Hinweise geben, damit ihr euch schnell in dem neuen Buch zurechtfindet. Das wird euch sicher nicht schwerfallen, weil sich das meiste gegenüber Band 1 nicht verändert hat.

Am Anfang des **Lektionstextes** weist in der Regel das Symbol darauf hin, dass der Text auf der **Schülerkassette** bzw. auf der **CD** zu hören ist.

Jedem Textteil folgen vielfältige **Übungen**. In der Überschrift der Übung findet ihr oft einen Hinweis auf die Paragraphen (= §§) des **Grammatischen Beihefts**.

Aufgaben mit dem Symbol solltet ihr möglichst auch schriftlich in eurem Heft machen.

Bei den Übungen mit dem Symbol lernt ihr, etwas über euch selbst, eure Freunde, eure Familie mitzuteilen oder eure Meinung zu sagen.

Übungen mit dem Symbol können notfalls ausgelassen werden, ohne dass damit etwas Wichtiges versäumt würde.

Zwischen den **Lektionen** findet ihr häufig die Seite **D'un texte à l'autre**. Hier geben wir euch wichtige Lerntipps („Stratégies") oder es wird der folgende Text vorbereitet.

Nach den Lektionen 1–9 steht der **En plus**-Teil mit Übungen und Texten zum Hören und zum Lesen oder auch mit der Aufforderung etwas selbst zu gestalten. Die Hörtexte befinden sich auf der **Lehrerkassette**, die jedoch nur eurer Lehrerin/eurem Lehrer zur Verfügung steht (Symbol).

Im Anschluss an den **En plus**-Teil beginnt das **Vokabular** mit einer Tabelle zu den **Lautzeichen**, mit **Tipps zum Vokabellernen** und **Hinweisen zum Aufbau des Vokabulars**. Hier werden auch alle verwendeten Abkürzungen erläutert.

Auf das Vokabular folgt die **Liste des mots**. Diese **Wortliste** ist wie ein kleines französisches Wörterbuch, denn die Wörter des **ersten und des zweiten Bandes** stehen hier in alphabetischer Reihenfolge! Falls ihr also die Bedeutung eines Wortes vergessen habt, findet ihr an dieser Stelle neben dem französischen Wort die deutsche Übersetzung und den Hinweis auf den Band und die Lektion, in der das Wort eingeführt wird.

Wenn ihr einmal eine Übungsanweisung nicht auf Anhieb versteht, seht nach auf S. XVIII: Der Teil **Pour faire les exercices du livre** stellt die wichtigsten Übungsanweisungen des zweiten Bandes auf Französisch und Deutsch zusammen.

Und nun weiterhin viel Spaß beim Französischlernen!

LEÇON 1

A La «Boîte à idées»

1 Dans la rue du Sentier à Paris, la mode est partout: un atelier à côté de l'autre, où des créateurs dessinent les nouvelles collections, discutent des couleurs de demain.
Céline, la cousine de Nathalie Noblet, travaille depuis l'année dernière à la «Boîte à idées»: c'est l'atelier-boutique – et la marque – de son amie Sonia.
La jeune femme est créatrice de mode pour les jeunes dans la rue du Sentier.
C'est l'automne. Sonia et son équipe cherchent des idées pour la collection d'été.

2 *Karl:* Aujourd'hui, les gens ont une vie difficile. Tout est cher. Faisons des vêtements bon marché!
Céline: Et avec des couleurs gaies!
Sonia: Bon. Alors, quelles couleurs est-ce que vous proposez pour la collection d'été?
Karl: Je propose le jaune ... ou alors un beau rouge.
Sonia: Le rouge? D'accord, c'est une bonne idée!
Céline: Non. Moi, ça ne me plaît pas. J'aime mieux le vert. Le rouge est trop agressif.
Laurent: Mais, ma petite Céline, la vie est agressive. Et la mode, c'est la vie. Tu ne comprends pas ça? Moi, je suis pour le rouge, j'aime le rouge, le rouge «Boîte à idées», le rouge B.A.I.!
Céline: Oh, c'est toujours la même histoire! Tu n'es jamais d'accord avec moi!
Karl: Dis, Sonia, quels vêtements est-ce que tu veux faire?
Sonia: Des pantalons, des blousons et des chemises avec la marque B.A.I. devant, derrière, partout!
Laurent: Fantastique! Ça va être super!
Céline: Oui, oui, tu adores cette mode et tu adores parler ...
Sonia: Allez, au travail!

3 Sonia et son équipe dessinent maintenant les modèles. On travaille du matin au soir et du soir au matin. On a seulement le temps d'aller manger très vite à «La Mode», le restaurant à côté de l'atelier.
L'ambiance est bonne parce que Junior l'Africain – un nouvel employé chez B.A.I. – aime raconter des histoires drôles. Tout le monde est gai. Mais pas Céline.
Elle déteste Laurent. Elle va peut-être quitter l'atelier de son amie Sonia.
Pourtant, elle aime la nouvelle collection: elle la trouve belle, très belle, originale; les modèles sont beaux et nouveaux; c'est une mode-choc et c'est chic, la mode «Boîte à idées»!

1

A EXERCICES

1 A propos du texte (§ 1)

quel / quelle
quels / quelles

Complétez les questions et répondez.

Exemple: ? est le nom de l'atelier-boutique de Sonia?
→ – **Quel** est le nom de l'atelier-boutique de Sonia?
– Il s'appelle la «Boîte à idées».

1. Dans ? rue est l'atelier?
2. ? collection est-ce qu'on prépare en automne?
3. L'équipe propose ? couleurs pour cette collection?
4. ? couleur est-ce que Laurent aime? Pourquoi?
5. ? vêtements est-ce que l'équipe va faire?
6. L'équipe mange dans ? restaurant? Où est-ce qu'il est?
7. ? est le nom du nouvel employé?

2 Comment est-ce que tu trouves . . . ? (§ 2)

Après ton anniversaire, tu montres tes cadeaux.
Faites des dialogues.

Exemple: – Comment est-ce que tu trouves ma **nouvelle** BD?
– C'est une **belle** BD.
Je **la** trouve **belle**.
Je ne **la** trouve pas **belle**.

3 *A propos du vocabulaire* *(§§ 3, 4)*

Attention!
Les adjectifs *orange* et *marron* sont invariables.

a *Regardez les vêtements. Décrivez la collection.*

Exemple: – De quelle couleur sont les nouvelles jupes▽?
– Elles sont **rouges** ou **vertes**.

blanc▽ blanche
gris▽ grise
jaune
vert verte
bleu▽ bleue
violet▽ violette
rouge
noir noire
orange▽
marron▽

▽ Wörter mit diesem Zeichen sind in der Übung neu. Sie werden im Vokabelverzeichnis erklärt.

b ☞ **A vous.** *Faites des dialogues.*

Exemple: – La jupe **rouge** te plaît? – Oui, elle me plaît. / je l'aime bien.
Non, j'aime mieux la jupe **verte**.

c Schickt zwei Mitschüler vor die Tür. Einigt euch auf eine Person, die die beiden durch Fragen nach der Kleidung erraten müssen. Dann bittet eure Mitschüler wieder herein.

Exemple: – Il ou elle porte un jean noir?
– Non.
Continuez.

Qui est-ce?

1

B Une nouvelle marque

1 Au printemps, quinze jours avant la sortie de la nouvelle collection. A midi, Céline va manger un sandwich avec Nathalie dans un petit café derrière le Centre Pompidou. Nathalie est triste parce qu'elle va quitter Paris avec sa famille et habiter à Clermont-Ferrand.

Nathalie: Tu vas m'écrire, Céline?
Céline: Bien sûr! Et puis, cet été, je vous rends visite à Clermont-Ferrand!

2 Pour Céline, c'est l'heure de rentrer à l'atelier. Cette fois encore, à côté du Centre Pompidou, elle admire les statues de Niki de Saint-Phalle avec leurs couleurs gaies.

Aujourd'hui, les gens ne courent pas. Il fait beau à Paris, une vraie journée d'été avant l'été!

Un garçon bouscule Céline.
– Oh! Pardon!
– Ce n'est rien.

Céline le regarde. Mais ... je rêve! Cette couleur-là, notre rouge, ce pantalon rouge avec des pièces de tissu partout, façon puzzle, tout ça, c'est notre collection.
Mais la marque, la marque C.A.M.? On imite notre collection!
Céline court à l'atelier.

3 *Céline:* On a imité notre collection!
Laurent: Qui, «on»? Explique!
Sonia: Tu es sûre?
Céline: Oh oui! Devant le Centre Pompidou, j'ai vu un garçon avec un pantalon de notre collection. La mode B.A.I. est en ce moment dans les rues de Paris sous la marque C.A.M.!
Laurent: C.A.M.? Jamais entendu ...
Karl: La couleur du pantalon?
Céline: Rouge, bien sûr!
Junior: On nous imite parce que nos idées plaisent.
Sonia: Tu veux dire: on nous vole! Quelle catastrophe! Alors, je la pose, cette question. Qui, dans l'équipe, a volé nos idées?
Karl: On ne va pourtant pas m'accuser parce que je suis étranger!
Junior: Ou moi parce que je suis noir!
Laurent: Ecoutez, ce n'est pas compliqué: C comme Céline, A comme Atelier et M comme Mode. Voilà!
Céline: Menteur! Cette fois, tu vas trop loin! Je quitte la boîte!
Sonia: Céline, Céline, attends!
Mais déjà, Céline a fermé la porte.

B EXERCICES

1 A propos du texte

a Voilà les informations importantes de la première partie du texte:

Quand?	C'est à midi, au printemps.
Où?	C'est dans un petit café, derrière le Centre Pompidou.
Qui?	Les deux cousines Céline et Nathalie.
Action?	Elles mangent des sandwichs. Nathalie raconte qu'elle va habiter à Clermont-Ferrand.

Maintenant, trouvez les informations importantes de la deuxième partie jusqu'à la ligne 25.

b *Trouvez les informations importantes de la troisième partie du texte.*

2 Tu vois ce monsieur-là? *(§§ 1, 5)*

A la terrasse d'un café, une jeune fille▽ et un jeune homme regardent les gens.

Exemple: monsieur / à côté de la dame / bizarre
→ – Tu vois **ce** monsieur-**là**?
– **Quel** monsieur?
– Le monsieur à côté de la dame. Il est bizarre.

1. jeunes filles / à la table à gauche / sportif
2. garçon / dans la rue / très grand
3. enfant / à droite / drôle
4. messieurs / devant nous / sympa
5. homme / à la table à droite / très petit
6. dames / derrière nous / amusant
7. fille / en face / joli
8. agent de police / devant l'hôtel / gai

3 Aujourd'hui, on court! *(§ 6)*

Complétez par les formes du verbe courir.

Les élèves ont sport.

Le professeur:
- Aujourd'hui, on ~. →
- Non. Vous, les filles, vous ~ d'abord.
- Ils ~ après les filles.
- Toi, tu ~ dans le premier groupe.

Nathalie:
- Les filles ~ avec les garçons?
- Et les garçons ~ quand?
- Hi! Hi! Comme toujours.
- Alors, je ~ avec Christine et Marie?

4 François raconte. *(§§ 7, 8)*

puis
d'abord
après
ensuite
enfin

a Le soir, la mère de François demande:
«Qu'est-ce que tu as fait▽ aujourd'hui?»
Et François raconte:

Exemple: ... acheter des baguettes.
→ *François:* D'abord, j'**ai acheté** des baguettes.

1. ... téléphoner à Ahmed.
2. ... rendre les BD à Julien.
3. ... jouer du piano.
4. ... voir un film▽ à la télé.
5. ... répondre à la lettre de mon correspondant.
6. ... courir mettre la lettre à la boîte.
7. ... écouter un CD.
8. ... aider papa à la cuisine.

☐ **b** Qu'est-ce que François a fait aujourd'hui? *Racontez.*

5 La fête des copains *(§§ 7, 8)*

a *Lisez le texte.*

1. Nathalie et Luc invitent leurs copains. 2. Ils préparent la chambre de Luc pour la fête. 3. Ils portent la table et le lit de Luc dans la chambre de Nathalie. 4. Puis, tout le monde apporte quelque chose: des oranginas, des salades, des baguettes ... 5. Enfin, la fête commence. 6. On mange, on bavarde et on écoute des CD. 7. Après, les filles dansent, les garçons rigolent et crient. 8. Tout à coup, le téléphone sonne. 9. Luc répond.

b *Racontez la fête. Employez le passé composé.*

c Qui peut être au téléphone?
Qu'est-ce qu'il dit et que dit Luc?
Imaginez le dialogue.

6 Oh, pardon!

a **On dit ...**

– Pardon.
Oh, pardon!
Pardon, madame / mademoiselle / monsieur!
Excuse-moi / Excusez-moi▽!

– Ce n'est rien!
Ce n'est pas grave▽!
Ça ne fait rien!

b *Regardez les images. Décrivez la situation, puis jouez les scènes. Travaillez en groupes.*

Exemple:

A midi, dans un self-service.
Une dame discute avec sa voisine.
Cette voisine n'est pas d'accord
et fait des grands gestes.
Un monsieur arrive avec son café
et la dame le bouscule.

La dame: Oh, pardon!
Le monsieur: Ce n'est pas grave!
La dame: Je vous apporte
un autre café.

⟨D'un texte à l'autre⟩

1 A vous, les détectives!

Qui a volé les idées de l'équipe?
Qu'est-ce que vous pensez?
Est-ce que Céline va quitter la «Boîte à idées»?
Pourquoi? Pourquoi pas?

2 *Lisez ces phrases du texte C et trouvez les infinitifs.*

Enfin, j'ai **voulu** savoir. / J'ai **été** dans leur boutique. / Je n'ai pas **pu** aller à Clermont-Ferrand. / Vous avez **compris** pourquoi.

C Céline écrit aux Noblet.

Paris, le 7 août

Chère Nathalie, chers tous,

Comment va la famille? Moi, j'ai retrouvé la «Boîte à idées», et Laurent, cet idiot, ne travaille plus ici. Pourquoi? Eh bien, je vais vous raconter la fin de cette histoire.

J'ai quitté l'atelier de mon amie Sonia, vous le savez, après les accusations de Laurent. Alors, qu'est-ce que j'ai fait? D'abord, j'ai pleuré, puis j'ai crié. Enfin, j'ai voulu savoir. J'ai cherché partout la marque C.A.M. et j'ai trouvé « Cornille Atelier de Mode ». Cornille, c'est le nom de la copine de Laurent; ses parents ont un atelier rue d'Aboukir, à côté de la rue du Sentier. J'ai été dans leur boutique et j'ai vu nos pantalons B.A.I., nos blousons B.A.I., etc . . . Et ils ne sont pas chers: les tissus sont de mauvaise qualité et en plus, les Cornille ne paient pas bien leurs employés (des Africains). Qu'est-ce qu'on peut faire? Rien! Ici, tout le monde imite tout le monde. C'est la vie! Mais moi, je suis contente d'avoir retrouvé mon amie Sonia.

Je n'ai pas pu aller à Clermont-Ferrand en juillet. Vous avez compris pourquoi, je vous ai raconté mes problèmes. Mais je m'invite pour ton anniversaire, petite Nathalie. D'accord?

Bises

Ta cousine

Céline

C EXERCICES

1 A propos du texte

Lisez la partie C. Reparlons de Céline.

Qu'est-ce qu'elle a cherché / trouvé / retrouvé?
Qui a volé les idées de la «Boîte à idées»? Qui a imité la collection de Sonia?

2 Où est-ce que tu as passé tes vacances? *(§§ 7, 8)*

Faites des dialogues.

a *Exemple:* Isabelle – Fontainebleau – faire des promenades dans la forêt

1. François – Saint-Malo – jouer au tennis
2. Julie – Berlin – rendre visite à Martina
3. Céline – Paris – ne pas pouvoir quitter la ville
4. M. Lacombe – Cologne – visiter la cathédrale
5. Luc et Nathalie – Clermont-Ferrand – travailler à la maison
6. Mme Blanchard – Aix-la-Chapelle – parler avec des gens, mais – ne pas tout comprendre
7. M. et Mme Rigot – Paris – ne pas vouloir quitter la capitale

b *Exemple:* – Où est-ce qu'Isabelle **a passé** ses vacances?
– Elle **a été** à Fontainebleau.
Elle **a fait** des promenades dans la forêt.
Continuez.

c ☞ ***A vous.***
Demande à tes camarades où ils ont passé leurs vacances.

3 Des courses très chères *(§§ 7, 8)*

Racontez l'histoire. Employez le passé composé.

1. Cet après-midi, Nathalie est à Clermont-Ferrand avec sa mère. 2. Elles font des courses. 3. Mme Noblet achète un nouveau jean à Nathalie. 4. Dans la boutique, Nathalie voit un beau blouson. 5. Mais Mme Noblet le trouve trop cher. 6. Et elle ne veut pas l'acheter. 7. Après, elles attendent le bus pour rentrer à la maison. 8. Dans le bus, un garçon bouscule Mme Noblet. 9. Elle regarde le jeune homme. 10. Puis, elle continue à parler avec sa fille. 11. A la maison, elle ne peut pas trouver son porte-monnaie▿. 12. Elle cherche partout. 13. Tout à coup, elle comprend.

4 Allô, Sonia?

Céline a trouvé la collection C.A.M. dans une boutique de la rue d'Aboukir.
Elle téléphone à Sonia ... **C**ornille **A**telier de **M**ode!
Sonia pense tout de suite à Laurent et à son amie ...

a *Imaginez le dialogue entre Céline et Sonia. Travaillez en groupes.*

Voilà des expressions qui peuvent vous aider:

– – – Allô? – – – Oui, merci – – – chercher la marque C.A.M. – – – une boutique – – – **C**ornille **A**telier de **M**ode – – – rue d'Aboukir – – – Cornille – – – nom de famille – – – Laurent – – – amie – – – parents – – – boutique – – – parler avec Laurent – – – menteur – – – voleur▽ –

b Et Sonia? Qu'est-ce qu'elle va dire à Laurent?
Imaginez le dialogue entre Sonia et son employé. Puis, jouez la scène.

⟨D'un texte à l'autre⟩

«Mentir» n'est pas «tenir»

ouvrir (öffnen)	**répondre** (antworten)	**mentir** (lügen)	**prendre** (nehmen)	**tenir** (halten)
j'ouvre	je réponds	je mens	je prends	je tiens
nous ouvrons	nous répondons	nous mentons	nous prenons	nous tenons
ils ouvrent	ils répondent	ils mentent	ils prennent	ils tiennent

a Vergleiche die Formen der fünf Verben.
1. Wodurch unterscheidet sich *ouvrir* von allen anderen Verben?
2. Was haben *répondre* und *mentir* gemeinsam gegenüber *prendre* und *tenir?*

b Ergänze die Formen der 2. und 3. Person Singular sowie die der 2. Person Plural.

c Von welchen dieser Verben kennst du bereits das *participe passé?* Schlage das *participe passé* der anderen Verben in der Verbtabelle deines Grammatischen Beihefts (S. 57–60) nach.

d Übt das Präsens dieser Verben mit dem Würfel.

LEÇON 2

A Allô, Céline …

Céline (C): Allô?

Nathalie (N): Allô, Céline, c'est Nathalie.

C: Nathalie! Alors, comment ça va à Clermont-Ferrand?

N: Bien. Maman a trouvé un travail.

C: Bravo! Raconte.

N: Ça n'a pas été facile de trouver un emploi d'informaticienne à Clermont-Ferrand. Depuis le mois de juillet, elle est sortie deux ou trois fois par semaine pour chercher un travail. Chaque fois, elle est partie tôt le matin et elle est rentrée tard le soir, triste et souvent agressive. Et puis, un jour, elle est arrivée très gaie à la maison et elle nous a dit: «Allez, ce soir, on sort! Je vous invite.» Et on est allés au restaurant!

C: Alors, vous avez compris! Et où est-ce qu'elle travaille?

N: Chez un architecte, pas loin de France Télécom où papa travaille. Comme ça, ils partent et reviennent ensemble.

C: Super! Comment va monsieur l'ingénieur?

N: Papa est en forme. Mais les premières semaines, il est rentré très fatigué.

C: Et vous, les cousins, rien de nouveau?

N: Euh … Ah si! Luc est allé au club de patin de notre quartier. Mais il y a seulement des débutants! Alors, tu penses, il n'a pas eu envie de retourner à ce club. Maintenant, il fait du vélo avec un copain: 200 à 250 kilomètres par semaine … Dimanche, ils sont partis pour monter au Puy de Dôme!

C: Oh là là! Il va bientôt pouvoir faire le Tour de France! Et toi, qu'est-ce que tu fais comme sport en ce moment?

N: Moi, je fais du volley avec Hélène, ma nouvelle copine. On voudrait entrer dans l'équipe mixte du collège.

C: Tiens, tiens! L'équipe mixte? Et dans cette équipe, il y a un garçon sympa …

N: Euh …

C: Alors, c'est vrai?

N: Bon, je ne veux pas te mentir! C'est un joueur fantastique, la vedette de l'équipe. Il s'appelle Sébastien. C'est un grand brun très gentil …

C: Mais, dis donc, tu es amoureuse, toi!

N: Amoureuse? Peut-être … Ecoute, Céline, tu veux venir pour mon anniversaire?

C: Bien sûr.

N: Eh bien, tu sais, il y a un petit problème. Je t'explique: il manque une joueuse dans l'équipe pour le prochain match et …

C: Alors, ils vont te prendre, hein?

N: Moi ou Hélène! Et Hélène est bonne aussi … Enfin, on va voir: nous passons le week-end de mon anniversaire dans un centre d'entraînement. Ça tombe mal, mais tu comprends, je ne peux pas rater cette chance!

C: Bien sûr, Nathalie. Je te comprends. Je peux venir une autre fois.

N: Ah non! Je veux te voir! Ecoute, nous revenons dimanche midi. Et toi, tu peux rester chez nous jusqu'à quelle heure?

C: J'ai un train pour Paris à 20 h 40 … D'accord, je viens. A propos, quelle est ta taille, maintenant?

N: 36/38. Pourquoi? Il te manque un mannequin pour présenter ta collection?

C: Oui, c'est ça! Bon, je te laisse. Il est très tard. Donne le bonjour à tout le monde. Et dors bien!

N: Toi aussi, Céline! Je t'embrasse, et à bientôt!

A EXERCICES

1 A propos du texte

a *Vous allez lire trois résumés▿.*
Quel est le résumé qui correspond au texte?

(I)

Nathalie et Céline discutent au téléphone. Nathalie parle de sa mère. Elle a trouvé un travail chez un architecte. M. Noblet, l'ingénieur, est en forme. Luc aussi. Il fait du patin dans un club et du vélo avec un copain. Et Nathalie? Elle joue au volley avec sa nouvelle copine, Hélène. Dans l'équipe du collège, il y a un garçon sympa, Sébastien. Nathalie est amoureuse de ce grand brun très gentil. Elle va passer le week-end de l'anniversaire de Luc dans un centre d'entraînement. Ce week-end-là, Céline veut venir à Clermont-Ferrand. Elle ne va pas voir sa cousine.

(II)

Céline téléphone à Nathalie. Nathalie lui raconte que ça n'a pas été facile pour sa mère de trouver un emploi. Maintenant, elle travaille chez France Télécom, comme M. Noblet. Luc fait toujours du patin: 200 à 250 km par semaine. Nathalie, elle, joue au volley avec Sébastien, son nouveau copain. Elle veut entrer dans l'équipe mixte du collège. Le week-end de son anniversaire, elle va partir dans un centre d'entraînement. Céline, elle, dit qu'elle va rester à Paris. Elle ne va pas venir à Clermont-Ferrand pour l'anniversaire de sa cousine.

(III)

Nathalie téléphone à Céline. Elle raconte que sa mère a enfin trouvé un emploi d'informaticienne. Son père travaille chez France Télécom. Luc ne fait plus de patin, mais il fait du vélo. Nathalie, elle, joue au volley avec sa nouvelle copine, Hélène. Nathalie est amoureuse d'un garçon de l'équipe de volley. Pour entrer dans cette équipe, elle va passer le week-end de son anniversaire dans un centre d'entraînement. Céline va venir pour l'anniversaire de sa cousine, mais elle va la voir seulement le dimanche après-midi.

☐ **b** *Quelles erreurs est-ce qu'il y a dans les résumés qui ne correspondent pas au texte? Corrigez ces erreurs.*

2 Les verbes en «-ir» *(§ 9) Complétez.*

sortir / mentir
dormir / partir

3 Chez les Noblet *(§§ 11, 12)*

Le soir, à table, les Noblet discutent.

Mettez les verbes au passé composé.

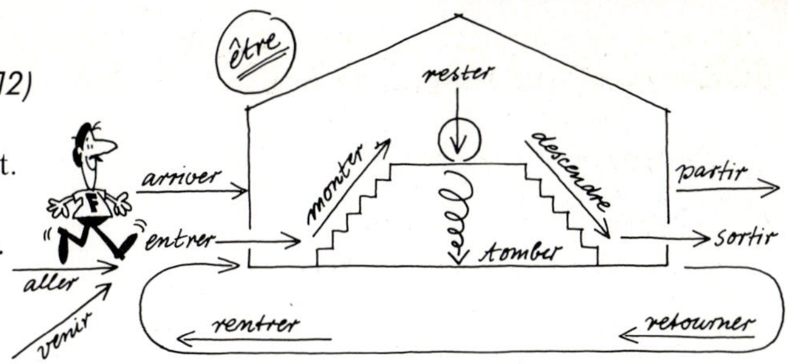

M. Noblet: Alors, vous *(monter)* au Puy de Dôme, dimanche? Vous *(partir)* à quelle heure?
Luc: On *(partir)* à 8 h du matin et on *(revenir)* à 5 h de l'après-midi.
Mme Noblet: Vous *(ne jamais descendre)* de vélo quand vous *(monter)* au Puy de Dôme?
Luc: Laurent, mon copain, *(descendre)* ... et il *(tomber)* une fois. Moi, je *(ne pas descendre)*, je *(ne pas tomber)* et je *(arriver)* le premier.
Nathalie: Tu es un grand champion. Tout le monde le sait.
Luc: Dis donc, sœurette, aujourd'hui, après le collège, tu *(rentrer)* tard! Tu *(encore aller)* au café avec des garçons, hein?
Nathalie: Menteur! Hélène et moi, nous *(aller)* dans un magasin de sport. Puis, une autre copine *(entrer)*. Nous *(rester)* un moment ensemble. Quand on *(sortir)* du magasin, j'ai oublié mon sac. Alors, je *(retourner)* le chercher.
Luc: Tu oublies tout. Tout le monde le sait.
Nathalie: ...
Qu'est-ce que Nathalie va répondre?

4 Qu'est-ce que tu as fait ce week-end? *(§§ 10, 13)*

A vous.
Un lundi matin, une/un camarade de classe te demande:
«Qu'est-ce que tu as fait ce week-end?»
Raconte.

Voilà des idées:

J'ai ...
Je suis ...
Mes parents ont / sont ...
Une copine a / est ...
Nous avons / sommes ...
...

- aller au cinéma
- écrire une lettre
- jouer au ...
- vouloir ..., mais ne pas pouvoir ...
- prendre son vélo, faire un tour
- faire des courses
- avoir la visite de ...
- dormir jusqu'à ... heure(s)
- être chez ses grands-parents
- rentrer à ... heure(s)
- attendre un copain
- perdre le match
- dire à une copine de venir
- venir chez ...
- ouvrir le livre de français
- courir dans la forêt
- lire un livre
- mettre des vêtements chic, sortir avec des copines

5 On joue avec des nombres. *(§ 14)*

Du sagst eine Zahl zwischen 100 und 1000 und den Namen einer Mitschülerin/ eines Mitschülers. Sie/Er nennt dann eine Zahl, die mit der letzten Ziffer der von dir genannten Zahl beginnt, und macht anschließend in der gleichen Weise weiter.

Exemple: **134** ‿ **430** ‿ **(0)99** ‿ **913** ... *Jouez.*

6 Au téléphone

a On dit ...

1. Nathalie téléphone à Céline:

– Allô? ...
– Allô, Céline. Ici Nathalie. / C'est Nathalie.
– Bonjour, Nathalie. Comment ça va?

2. Mme Noblet téléphone à France Télécom:

– France Télécom. Bonjour.
– Bonjour, madame/monsieur. Je voudrais parler à monsieur Noblet, s'il vous plaît.
– C'est de la part de qui?▽
– Mme Noblet.
– Ne quittez pas▽. Je vous le passe▽.

3. Le téléphone sonne chez Sonia.

– Allô?
– Allô, Martine, c'est toi? Ici Patrick.
– Il n'y a pas de Martine ici. Vous avez fait un faux numéro.
– Oh, excusez-moi, madame.
– Ce n'est rien.

b *Travaillez à deux. Préparez les dialogues, puis jouez.*

1. Luc téléphone à son copain François à Paris. François l'invite pour le prochain week-end.
2. M. Noblet téléphone à l'architecte chez qui sa femme travaille. Il va rentrer tard ce soir.
3. Tu es en France. Tu téléphones aux renseignements▽ pour avoir le numéro de M. Patrick Roche à Paris, 96, rue Daguerre. (C'est le 01 48 92 15 50.)

B Le match

1 Enfin, c'est le jour du match. Et Nathalie est dans l'équipe du collège. Elle veut tout donner pour gagner ... et pour impressionner Sébastien. Les joueurs sont sur le terrain. Hélène, un peu triste parce qu'elle ne joue pas, leur dit: «Bonne chance!»

2 Le match commence. L'équipe de Nathalie joue très bien. Les services de Sébastien sont forts, ses passes sont précises. Quand Sébastien et Nathalie sont au filet, l'équipe marque toujours des points. Nathalie envoie le ballon à Sébastien, Sébastien crie, saute au filet, et hop! ... le ballon est parti: encore un point! La salle hurle. Nathalie admire le jeu de Sébastien et lui crie: «Super, Sébas!»

3 Maintenant, c'est à Sébastien de faire le service. Il tape fort dans le ballon, le ballon part et ... frappe Nathalie à la tête. Elle tombe. Sébastien est déjà à côté de Nathalie. Elle lui dit qu'elle veut continuer. Mais elle a trop mal à la tête, et il l'aide à sortir du terrain. Le match continue. Hélène joue pour Nathalie maintenant, mais la chance a tourné: l'autre équipe attaque sans arrêt, marque des points et, à la fin, gagne le match. Mais ça n'intéresse plus beaucoup Sébastien.

4 Après le match, il va vite retrouver Nathalie. Il lui demande si elle va mieux. Puis, il lui demande pardon et il lui donne une bise. Alors, Nathalie veut savoir s'ils ont gagné et Sébastien lui raconte le match. Maintenant, Nathalie sait que le match est perdu pour son collège, mais il n'est pas perdu pour tout le monde. Elle, Nathalie, a peut-être gagné son match!

B EXERCICES

1 *Ça me plaît.* (§ 15)

a *Faites des dialogues. Exemples:*

Faire du vélo, ça plaît **à Luc et Nathalie** ? – Oui, ça **leur** plaît beaucoup.

Jouer du piano, ça intéresse **Yasmina et Ahmed?** – Non, ça ne **les** intéresse pas beaucoup.

Sébastien	+	–	+	–	–	+	+
Hélène	+	+	+	–	–	+	–
Luc et Nathalie	+	–	–	–	–	–	+
M. et Mme Noblet	+	–	–	+	+	+	–
Céline	–	+	+	+	–	–	–
Junior	–	+	+	+	+	+	–
Yasmina et Ahmed	–	–	–	–	–	+	+

☐ **b** ☞ ***A vous.*** *Pose des questions à ta voisine/à ton voisin.*

Exemple: Faire du vélo, ça | **te** plaît? / **t'**intéresse?

2 *Nathalie et Hélène* (§ 15)

le / la / l' / les
lui / leur

Mettez le, la, l', les *ou* lui, leur *à la place des expressions en italique.*

Exemple: Avant le match, Hélène parle aux joueurs.
Elle dit *aux joueurs*: «Bonne chance!» ⟶ Elle **leur** dit: «Bonne chance!»

Hélène parle aussi à Nathalie. Elle dit *à Nathalie:* «Vous allez gagner!» Voilà Sébastien. Les filles, dans le public, admirent *Sébastien*. Il plaît beaucoup *aux filles*. Mais beaucoup de garçons trouvent *Sébastien* peu sympathique. Le match commence. Nathalie et Sébastien jouent bien. Elle envoie le ballon *à Sébastien*, et il marque les points. Voilà Nathalie au filet.

Tout à coup, un ballon frappe *Nathalie* à la tête. Elle tombe. Les autres joueurs aident *Nathalie* à sortir du terrain. Hélène demande *aux autres joueurs*: «Je joue pour Nathalie?» Et Hélène joue bien. A la fin, l'équipe de Sébastien perd. Mais Hélène a maintenant sa place dans l'équipe, comme Nathalie. Au prochain match, on va voir *Hélène et Nathalie* ensemble sur le terrain.

3 Scènes au téléphone (§ 16)

Exemple: *(Céline au téléphone à Karl:)* Je peux commencer à 11 h aujourd'hui?
(Karl à Sonia:) Céline **demande si** **elle** **peut** commencer à 11 h aujourd'hui.

(Mme Noblet au téléphone à Luc:) Je vais rentrer tard ce soir.
(Luc à son père:) Maman **dit qu'** **elle** **va** rentrer tard ce soir.

4 A propos du vocabulaire *Formation des mots*

a *Trouvez la forme féminine ou la forme masculine.*

Ⓐ 1. un homme et une ~
2. une fille et un ~

Ⓑ 1. une camarade et un ~
2. un touriste et une ~

Ⓒ 1. un infirmier et une ~
2. une épicière et un ~

Ⓓ 1. une joueuse et un ~
2. un menteur et une ~

Ⓔ 1. une créatrice et un ~
2. un conducteur et une ~

Ⓕ 1. une cliente et un ~
2. un commerçant et une ~

b *Trouvez d'autres mots pour chaque groupe.*

c *Trouvez des exemples qui ne font pas partie de ces groupes.*
Exemple: un informaticien et une informaticienne
Vous pouvez travailler en groupes.

Attention!
un ingénieur
un professeur
→ un prof *(fam.)*
→ une prof *(fam.)*

2 C

Frère et sœur

Nathalie: Ah, ce Sébastien! Il joue comme un champion …
Luc: Mais qui est-ce, ce Sébastien?
Nathalie: Je suis sûre que tu l'as déjà vu au collège. Il est en 3e B. C'est un grand brun aux yeux verts, très sportif, et en plus, très sympa. Les filles de ma classe sont folles de ce garçon.
Luc: Et toi aussi, bien sûr! Attends … Je vois qui c'est. Il a les cheveux très courts. Il est moche. Je ne l'aime pas. Je trouve qu'il n'est pas sympa. En plus, il est bête comme ses pieds.
Nathalie: Tu es méchant. Eh bien, moi, il me plaît beaucoup! Je le trouve …

Continuez le dialogue de Luc et Nathalie. Employez les expressions de «On dit» (I: Pour expliquer comment on trouve quelqu'un). Travaillez à deux.

On dit (I) … *Pour expliquer comment on trouve quelqu'un:*

Il/Elle	me plaît beaucoup ne me plaît pas	parce qu' / que	il / elle est … je le / la trouve … je trouve qu'il / elle est …
Je	l'aime beaucoup ne l'aime pas (beaucoup)		

amusant(e) gentil / gentille
drôle intelligent(e) original(e)
intéressant(e) sympa(thique)

agressif / agressive idiot(e) bête
bizarre ennuyeux / ennuyeuse
paresseux / paresseuse méchant(e)

C EXERCICES

1 C'est une grande blonde▽.

a On dit (II) … *Pour décrire le physique de quelqu'un:*

C'est une grande blonde.
C'est un / une …

petit(e)	blond(e)
grand(e)	brun(e)
beau / belle	roux / rousse▽
joli(e)	

Il / Elle porte des lunettes.

Il a les cheveux roux et les yeux bruns.
Il / Elle a …

les cheveux …		les yeux …
	blonds	bleus
courts	bruns	verts
longs▽	noirs	gris
	roux	bruns
	gris	noirs

b ☞ **A vous.** *Décrivez un / une élève de votre classe ou un professeur. La classe va deviner qui c'est. Employez les expressions de «On dit» (II: Pour décrire le physique de quelqu'un).*

2 Une BD de Claire Bretécher▽

a *Lisez d'abord la BD, puis les phrases 1–6.*
Puis, mettez ces phrases dans le bon ordre. Comme ça, vous pouvez voir que vous avez compris l'histoire.

1. Mais, quand elles voient le résultat, elles ne sont pas contentes. Elles disent: «Ce n'est pas nous!»
2. Elles ferment le rideau.
3. Après, elles sortent de la cabine et elles attendent la photo.
4. Agrippine et sa copine vont dans un photomaton. *(Schnellbildautomat)*
5. Puis, elles font des grimaces.
6. Dans la cabine, elles regardent l'objectif.

b *Racontez au passé composé.*

c *L'histoire continue. Imaginez la suite.*

d *Vous voulez lire la fin de la BD? Alors, regardez page 103.*

⟨D'un texte à l'autre⟩

Stratégies

Lire et comprendre (I)

Keine Angst vor unbekannten Texten!

Die Bildgeschichte „Agrippine" hat dir wieder einmal gezeigt, dass du viele französische **Wörter** verstehst, auch wenn du sie noch nicht gelernt hast. Das sind Wörter,

- die ähnlich aussehen wie **Fremdwörter** im **Deutschen**, z. B. „le résultat",
- die gleich oder ähnlich aussehen wie im **Englischen**, z. B. „horrible",
- die du von **bekannten französischen Wörtern** ableiten kannst; z. B. wirst du sicher das Nomen „l'attente" verstehen, wenn du das Verb „attendre" kennst,
- die sich aus dem **Text- oder Situationszusammenhang** erklären, z. B. das Wort „le rideau", wenn du den Satz „Elles ferment le rideau" liest und dabei das Bild mit dem Vorhang siehst.

Doch halt, das Verstehen von Wörtern ist zwar wichtig, aber nicht alles, wenn es um das Verstehen von **Texten** geht.
Es gibt noch einige andere **Tricks**, um unbekannte Texte zu verstehen.
Alle diese Tricks werden dir im Verlauf deiner Arbeit mit „Découvertes" am konkreten Beispiel gezeigt.

Trick 1

Der Titel oder auch die Bilder, die einen Text begleiten, verraten dir häufig schon, wovon die Rede ist. Überlege, was dir alles zu dem Thema einfällt. Dein Wissen hilft dir den Text zu verstehen.

Trick 2

Lies den Text zügig von Anfang bis Ende durch. Wenn du ihn ganz gelesen hast und ungefähr weißt, wovon die Rede ist, erschließen sich beim zweiten Lesen schwierige Stellen oft wie von selbst.

LEÇON 3

A La maison des Sorel

Clermont-Ferrand

1 Ce dimanche 26 octobre, chez les Sorel, on prépare la chambre de la nouvelle locataire. Les Sorel? C'est d'abord Hélène que nous connaissons déjà. Ce sont, bien sûr, ses parents, et enfin ses frères: Antoine, 14 ans, et le terrible Ludovic – Ludo pour la famille et les copains – qui a 7 ans. La famille Sorel habite dans une grande maison de Clermont-Ferrand. M. et Mme Sorel, qui sont professeurs, louent une chambre du 2ᵉ étage à des étudiants. Aujourd'hui, ils attendent Mira, une jeune Allemande qui fait des études de français et va passer un an à Clermont-Ferrand. Elle vient de Dresde et c'est la fille d'un professeur que Mme Sorel connaît bien. Donc, on prépare la chambre, on fait le lit, on met des fleurs, et enfin, on va chercher la jeune fille à la gare. Sauf Antoine et Ludovic qui ont autre chose à faire.

2 Une heure après, Hélène montre la maison à Mira.

Hélène: Bon. On commence par le rez-de-chaussée. Devant toi, Mira, voilà le salon et la salle à manger. A gauche, tu as la cuisine. A droite, les toilettes, puis le bureau de papa et de maman. Ne jamais entrer dans leur bureau: ils détestent ça!... Alors, ici, au premier étage, il y a la chambre de mes parents, la chambre de Ludo et, derrière, la salle de bains et les toilettes. Antoine, aussi, a sa chambre à cet étage. Bon, on va monter chez nous. Mais avant, je te montre la caverne de mon petit frère.

Mira: La caverne?

Hélène: Eh oui, sa chambre!

Mira: Mais ... je ne veux pas le déranger.

Hélène: Tu ne le déranges pas, tu penses!

3 Hélène et Mira entrent alors dans la chambre de Ludovic. Le lit est sans draps et sans couvertures. Et au milieu de la pièce, il y a une tente. Mais où est donc le terrible Ludo? Il dort peut-être dans la tente, avec les draps et les couvertures de son lit? … C'est ça! Mais qu'est-ce qu'il a? Ce rouge, partout, qu'est-ce que c'est?

Hélène: Dis, Ludo, tu dors? Ça ne va pas? Réponds.

Mira: C'est une farce. Je connais cela: moi aussi, j'ai un petit frère.

Tout à coup, Ludovic crie:

– Non, je ne dors pas. Dracula ne dort jamais. Mais il a soif. Il a soif de ton sang, Hélène!

Et il saute sur sa sœur. Hélène hurle et monte très vite au deuxième étage.

Hélène: Ah non! Quel monstre! … Allez, la visite continue. La douche et les toilettes sont entre ta chambre et la chambre d'amis.

Mira: Et où est ta chambre?

Hélène: Là. Tu viens?

4 Ce soir-là, M. et Mme Sorel ont invité la jeune Allemande pour le dîner. Ils lui posent des questions sur ses études. Mira parle de la vie à Dresde, la ville où elle habite. Les Sorel répondent aussi à ses questions sur Clermont-Ferrand. Enfin, la jeune fille monte dans sa chambre:

– Merci pour le bon dîner. Bonne nuit!

Ludo dit quelque chose à l'oreille de Mira qui répond:

– Toi aussi, Dracula!

A EXERCICES

1 A propos du texte

A Clermont-Ferrand, Mira fait la connaissance d'une jeune Française. Elle demande à Mira …
… d'où elle vient,
… combien de temps elle va rester en France,
… pourquoi elle fait ses études
à Clermont-Ferrand.
Ensuite, la jeune Française demande à Mira de lui parler de la famille Sorel.

Faites le dialogue.

Clermont-Ferrand

2 A propos du vocabulaire

a Le rez-de-chaussée de la maison des Sorel

Hélène est dans l'entrée▽. Elle montre le rez-de-chaussée à Mira.
Dessinez un plan, écrivez les noms des pièces et présentez le plan.

b Le premier et le deuxième étage

Répondez.
1. Quelles pièces est-ce qu'il y a au premier étage?
2. Où est la chambre de Mira?
3. Quelles autres pièces sont à cet étage?

c ☞ A vous.

Tu dessines le plan d'une maison ou d'un appartement où tu voudrais habiter.
Tu décris la maison ou l'appartement à ta voisine / à ton voisin qui dessine le plan de cette maison / de cet appartement. Comparez les dessins.

3 Savoir et connaître *(§ 18)*

a *Complétez.*

1. Les Sorel ~ la mère de Mira, mais ils ne ~ pas encore sa fille. 2. Ils ~ qu'elle a vingt ans et qu'elle ~ bien la France. 3. Mira dit à Hélène: «Je ~ que votre cathédrale est très belle.» 4. Hélène: «Oui. Et notre quartier est intéressant, tu ~. Je le ~ très bien.» 5. Mira: «Tu ~ combien de gens habitent à Clermont-Ferrand?» 6. Hélène: «Je l'ai ~, mais je l'ai oublié.»

b ☞ A vous. *Complétez les questions et répondez.*

Est-ce que vous ~ combien de gens habitent à Clermont-Ferrand?

Est-ce que vous ~ bien votre ville? Elle a combien d'habitants?
Vous ~ faire le guide? Qu'est-ce que vous montrez à vos correspondants français?

4 Tu connais un prénom▽ qui … ? (§§ 18, 19)

Exemple: Prénom de fille: J
– Tu connais un prénom de fille **qui** commence par J?
– Julie, par exemple.

Continuez

monument à Paris: N
mois: S
prénom de garçon: A
rue à Paris: D
nom de famille français: L
ville française: B
nombre: C
…

5 Une chose que j'aime / que je déteste (§ 20)

Exemple: – Est-ce qu'il y a des sports | **que** tu aimes? / **que** tu détestes?
– Un sport | **que** j'aime, c'est le volley. / **que** je déteste, c'est le foot.

Continuez.
1. des couleurs
2. des légumes
3. des animaux
4. des fruits
5. des villes
6. …

6 Mira chez les Sorel (§§ 19, 20, 21)

Mettez qui, que, où.
1. La ville ~ les Sorel habitent s'appelle Clermont-Ferrand. 2. Ils préparent la chambre ~ ils vont louer à une étudiante. 3. Les enfants Sorel, c'est Hélène ~ a 15 ans, Antoine ~ a 14 ans, Ludovic ~ a 7 ans et ~ tout le monde appelle Ludo. 4. L'étudiante ~ les Sorel attendent s'appelle Mira. 5. Elle vient d'Allemagne. La ville ~ elle fait ses études, c'est Dresde.

7 Un peu avant 6 heures, devant le cinéma

Complétez par avant *ou* devant.
A 6 heures, Antoine a rendez-vous avec Pierre et Françoise ~ le cinéma. On va voir «Les monstres attaquent». Antoine arrive déjà un peu ~ 6 heures. Il y a des gens qui attendent ~ le cinéma pour acheter des billets. Antoine attend aussi. A 6 heures 10, les copains ne sont toujours pas là. Antoine achète trois billets et attend. Le film ne va pas commencer ~ 6 heures 20. Mais les gens entrent déjà! Ah, enfin, les voilà! On entre aussi. Il y a encore trois places, mais pas ensemble. Et ~ Antoine, il y a un grand monsieur. Pauvre Antoine! Il ne voit rien! Il sort ~ la fin du film.

8 Les mois, les saisons▽ et la date▽

a *Lisez les noms des mois et des saisons.*

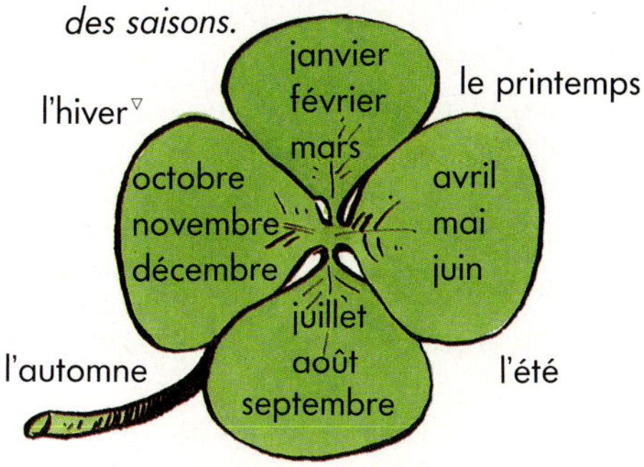

b **On dit ...**

–	On est Nous sommes C'est	quel jour le combien	aujourd'hui?
–	On est Nous sommes C'est	vendredi. le 1er (premier) le 2 (deux) ... le vendredi 1er / 2 ...	

c *Répondez aux questions.*

1. On est quel jour aujourd'hui? C'est le combien?
2. Ton anniversaire, c'est au printemps, en été, en automne ou en hiver?
3. C'est quand, ton anniversaire?
4. Comment est-ce que tu le fêtes?

⟨D'un texte à l'autre⟩

Stratégies Lire et comprendre (II)

Keine Angst vor unbekannten Texten!

Trick 3 Manchmal interessiert dich in einem Text überhaupt nur **eine einzige Information.** Auch dazu ein kleiner Trick:

> Überfliege den Text von oben nach unten, ohne jede Zeile Wort für Wort zu lesen. Suche nur nach dem gewünschten Stichwort und lass alles andere unbeachtet. Probier es einmal am Text B, S. 32–33 aus. Finde heraus, was Ludo Mira ins Ohr geflüstert hat. Überfliege den Text und suche nur die Stichwörter „Ludovic" und „l'oreille".

Manchmal interessieren dich in einem Text nur **die wichtigsten Informationen**, vielleicht, weil du ihn zusammenfassen sollst. Dann kann dir Trick 4 nützlich sein.

Trick 4

Lege dir ein Raster an, so ähnlich wie in Übung 1, S. 11.

Quand?	**Où?**	**Qui?**	**Action(s)**
Wann geschieht etwas?	Wo geschieht etwas?	Wer ist am Geschehen beteiligt?	Was geschieht?

Wende dieses Verfahren nun einmal auf Abschnitt 1 (Zeilen 1–11) von Text B, S. 32, an.

B Scènes dans Clermont-Ferrand

1 Lundi matin, Mira part à la découverte de Clermont-Ferrand. Elle admire d'abord les belles maisons du vieux Clermont, le quartier où habitent les Sorel. Rue Pascal, elle prend des photos d'un vieil hôtel. Voilà maintenant la cathédrale: magnifique! Mira l'a déjà vue en photo et l'a trouvée belle et originale, avec ses deux grandes tours noires au milieu des toits rouges de la vieille ville. Mais, en vrai, elle lui plaît encore mieux.

2 Une rue dans le centre-ville. Un jeune passe à vélo, un automobiliste ouvre sa portière sans regarder, et c'est l'accident. Les autres automobilistes, bloqués, pensent à leurs rendez-vous, à leur travail. On klaxonne, on parle, on crie.

3 Place de Jaude. Mira retrouve Hélène dans un café.

Hélène: Alors, raconte! Qu'est-ce que tu as fait?

Mira: J'ai visité le vieux Clermont, j'ai vu la cathédrale et je suis allée à l'université. Les étudiants que j'ai rencontrés ont été très sympa avec moi. Ils m'ont invitée à prendre un «pot». Je pense qu'on dit comme ça, non?

Hélène: Oui, c'est ça!

Mira: A propos, les cours commencent le 3 novembre, donc dans une semaine. Je vais pouvoir continuer mes promenades et je vais peut-être louer un vélo.

Hélène: En ville, c'est dangereux.

Mira: Je sais. J'ai vu un accident ce matin. Un jeune est tombé de son vélo.

Hélène: Comment ça?

Mira: C'est la faute de l'automobiliste. Il a ouvert sa portière sans regarder.

Hélène: Et le garçon?

Mira: Je ne sais pas. L'ambulance est arrivée très vite ...

Hélène, maintenant, ne parle plus. Elle pense aux deux accidents de vélo qu'Antoine a déjà eus ...

Mira: Hier soir, tu sais, Ludovic m'a dit quelque chose à l'oreille.

Hélène: Qu'est-ce qu'il t'a dit?

Mira: Eh bien, il m'a dit: «Dors bien, Mira belle!»

Hélène: Oh! Un vrai poète, ce Ludo!

Mira: Il est gentil.... Dis, là, c'est la statue de Vercingétorix?

Hélène: Oui, bravo! Tu as bien lu ton guide!

Statue de Vercingétorix

En 52 avant Jésus-Christ*, Vercingétorix, chef des Arvernes[1], appelle la Gaule à la révolte contre[2] les Romains. L'armée de César attaque alors Gergovie[3], la capitale arverne. Mais les Gaulois luttent[4], gagnent. Les Romains partent. Vercingétorix et son armée vont ensuite à Alésia[5], une forteresse gauloise. Alors, César revient. Son armée reste deux mois devant Alésia. Les Gaulois, bloqués dans la ville, ont faim. Enfin, en septembre 52, les Romains prennent Alésia et gagnent la guerre.
Les Gaulois perdent leur liberté et Vercingétorix perd sa vie pour la liberté de son peuple.

(Extrait d'un guide)

Vocabulaire:

1. **Les Arvernes:** les Gaulois de la région qui s'appelle Auvergne aujourd'hui; 2. **contre:** gegen; 3. **Gergovie** [ʒɛrgɔvi]**:** ville gauloise à 6 km du Clermont-Ferrand d'aujourd'hui; 4. **lutter**: kämpfen; 5. **Alésia** [alezja]**:** une forteresse (= eine Festung) gauloise en Bourgogne

* On dit «Jésus Christ» [ʒezykri], mais «le Christ» [ləkrist].

B EXERCICES

1 A propos du vocabulaire *Travaillez en groupes.*

a Quels moyens de transport est-ce que vous connaissez?
Faites une liste.

b Quand vous entendez les mots «accident» et «centre-ville», à quels autres mots (8 ou 10) est-ce que vous pensez?

Exemple:

c *Employez ces mots dans un texte.*

2 Mira à la découverte de Clermont-Ferrand *(§§ 9, 11)*

Racontez la journée de Mira. Employez le passé composé.

1. partir très tôt le matin
2. admirer le vieux Clermont
3. prendre beaucoup de photos
4. entrer dans la cathédrale
5. aller à l'université
6. rencontrer des étudiants
7. retrouver Hélène place de Jaude
8. rentrer à la maison à 6 heures

3 Qui cherche, trouve. *(§ 22)*

Qui a vu ma cassette de Patrick Bruel?
Je cherche mon livre de géographie!
Où sont mes lunettes?
Je ne trouve pas les billets de cinéma!

Trouvez les bonnes réponses.

Tu les as laissés à la maison.
Tu l'as peut-être oubliée chez ta copine.
Je les ai vues dans la salle de bains.
Je l'ai mis dans ta caverne.

4 A vous, les poètes! *(§§ 20, 22)*

a *Lisez le texte.*

L'histoire

L'histoire que tu as imaginée
L'histoire que tu as racontée
L'histoire que j'ai écoutée
L'histoire que j'ai notée
L'histoire que je n'ai pas oubliée.

© D'après un poème de Jacques Prévert.

b ☞ **A vous.**
Imaginez d'autres petits textes.

Le copain
Le copain que ...
Les photos
Les photos ...

5 Des nouvelles de Mira *(§§ 19, 20, 22)*

Traduisez.

1. Ich schicke euch ein Foto, das mir sehr gut gefällt. 2. Ich habe es vor der Kathedrale gemacht. 3. Die Mädchen, die auf dem Foto sind, (das) sind die Studentinnen, die ich an der Universität getroffen habe. 4. Sie haben mich eingeladen einen Spaziergang im Viertel zu machen. 5. Und Hélène, habt ihr sie auf dem Foto gefunden? 6. Das Mädchen neben Hélène (, das) ist Brigitte. 7. Sie kennt die Probleme, die ich gehabt habe. 8. Sie hat mir oft geholfen. 9. Ihre Brüder, die sie mir gestern vorgestellt hat, sind auch sehr sympathisch.

6 Au marché aux puces▽ *(§ 23)*

Faites des dialogues.

Exemple: – Regarde cette **vieille** tasse▽!
– Elle | est très **belle**.
| n'est pas très **belle**.

7 Faites l'interprète.

Devant la cathédrale de Clermont-Ferrand. Tu es à la terrasse d'un café. Il y a un touriste allemand à côté de toi. Il a posé son guide allemand «Die Auvergne» sur la table. Un touriste canadien▽ vous regarde.

Le Canadien: Ah, vous avez un guide! Est-ce que je peux regarder votre plan?

L'Allemand: Äh …

Toi: Ich glaube, er möchte sich Ihren Stadtplan ansehen.

L'Allemand: Kein Problem! Können wir ihm vielleicht helfen?

Toi: …

Le Canadien: Je cherche la place Vercingétorix.

Toi: …

L'Allemand: Den kenne ich nicht. Ist er im alten Clermont? Das habe ich heute Morgen besichtigt. Aber da gibt es keinen Vercingétorix-Platz.

Toi: …

Le Canadien: Je ne comprends pas. C'est une place avec une statue de Vercingétorix.

Toi: …

L'Allemand: Ah! Er spricht vom Jaude-Platz. Ein Platz, den ich schon besichtigt habe und wo ich viele Fotos gemacht habe. Also der Platz heißt Jaude-Platz.

Toi: …

Le Canadien: Et la statue de ce Vercingétorix, ce chef des Romains, elle est là?

Toi: …

L'Allemand: Ja, aber Vercingétorix ist kein Römer! Er hat mit den Arvernern im Jahre 52 vor Christus *(avant Jésus-Christ)* gegen die Römer gekämpft, aber die Arverner haben verloren. Seine Statue befindet sich im Stadtzentrum auf dem Jaude-Platz nicht weit vom „Office du tourisme", also vom Verkehrsamt.

Toi: …

Le Canadien: Mais c'est loin d'ici?

Toi: …

L'Allemand: Nein, nein. Er geht geradeaus, nimmt die 5. Straße links, geht dann immer geradeaus. Auf der rechten Seite liegt das Verkehrsamt. Dort sieht man schon den Jaude-Platz mit der Statue.

Toi: …

Le Canadien: Merci, monsieur, merci, l'interprète. Vous savez, j'ai trouvé un mot de ma femme à l'hôtel: Vercingétorix, 5 heures!

place de Jaude

LEÇON 4

A Une fête? Oui, mais ...

1 Mme Monnin travaille dans une parfumerie. Le soir, elle rentre fatiguée dans le petit appartement où elle habite avec son fils Sébastien depuis son divorce. Et souvent, elle n'a pas envie de faire la cuisine. Sébastien non plus. Mais aujourd'hui, c'est dimanche, et Mme Monnin a préparé un bon déjeuner. Les voilà au dessert.
«Tu peux encore me passer la mousse au chocolat? Qu'est-ce qu'elle est bonne!», dit Sébastien.
Pourtant, il n'a plus faim. Il a trop mangé: du jambon comme entrée, du coq au vin avec du riz comme plat principal, de la salade et après, du fromage, bien sûr ...
– Tu veux du café, maman?
– Je veux bien, merci.
Sébastien va à la cuisine. Sa mère pense: «Il est très gentil aujourd'hui. Qu'est-ce qu'il a? ...»

2 Sébastien revient dans la salle de séjour.
– Tu sais, hier, on a bien rigolé après le match. Et puis, on a décidé de faire une petite boum samedi prochain: la bande du volley, bien sûr, et peut-être trois ou quatre autres copains et copines.
Mme Monnin: C'est sympa.
Sébastien: Oui, mais il y a un petit problème ... Les autres m'ont déjà souvent invité. Alors, tu comprends, cette fois, c'est mon tour.
Mme Monnin: Ecoute, Sébastien, vous allez faire du bruit et déranger les voisins, c'est sûr. Et en plus, samedi soir, je ne suis pas là. Catherine m'a invitée, je te l'ai déjà dit.
Sébastien: Ça ne fait rien. Je te promets qu'on ne va pas faire de bêtises, maman.
Mme Monnin: Et le bruit, alors?
Sébastien: On va baisser la musique après dix heures.
Ils continuent à discuter. Enfin, Mme Monnin dit oui. «Mais c'est terminé à onze heures, compris?»

3 Ils parlent alors de la préparation de la fête. D'abord, le buffet. Sébastien dit qu'il veut mettre ses invités à contribution, comme il l'a lu dans «Okapi».

– Et puis moi, je peux vous préparer un clafoutis aux cerises, propose Mme Monnin. Ou est-ce que tu préfères autre chose?

– Non, non, j'adore les clafoutis.

Ensuite, les boissons.

– J'achète du coca, de la limonade et de l'eau minérale. Et pour le cocktail, il me faut des jus de fruits, dit Sébastien.

Jusqu'ici, Mme Monnin est d'accord. Mais quand il ajoute qu'il faut de la bière pour Jean-Pierre, elle voit rouge.

– Alors là, je ne suis pas de ton avis! Pas d'alcool à votre âge! Tu m'as déjà parlé de ce garçon. Il vous donne le mauvais exemple. Il ne faut pas l'inviter.

– Ecoute, maman, à mon avis, je ne peux pas faire ça. C'est un bon copain. Il faut l'inviter. Mais je vais lui dire qu'on va fêter sans alcool. Il va comprendre et accepter, c'est promis.

PARTAGE

N'hésitez pas à mettre vos invités à contribution. Ils vont être contents de vous aider. Ça va être aussi leur fête et ils vont donc tout faire pour la réussir. Et puis, ils ne vont plus pouvoir vous critiquer!

A EXERCICES

1 A propos du texte

Après le volley, Hélène raconte à Mira que Sébastien veut organiser une boum. Hélène parle des problèmes que cela pose. Qu'est-ce qu'elle dit?
Prenez le rôle▿ d'Hélène.
Vous trouvez des mots entre parenthèses pour vous aider.

1. Hélène parle d'abord de la famille de Sébastien.
   (mère – travail – divorce)
2. Puis, elle raconte à quel moment Sébastien a parlé de la boum.
   (dimanche – déjeuner – café)
3. Elle explique pourquoi Sébastien veut organiser la boum.
   (son tour)
4. Ensuite, elle parle des problèmes que la boum pose.
   (voisins – Catherine – fin – alcool – Jean-Pierre)

2 Qu'est-ce que tu prends? *(§ 24)*

du / de l' / de la

M. Sorel est au café avec des amis.
Faites des dialogues.

– Qu'est-ce que tu prends?
– Moi, je prends **du** coca.
  Et toi?
– Moi, je prends …

Continuez.

3 On fait les courses. *(§§ 24, 25)*

café (1 paquet)
oranges (1 kg)
bière (2 bouteilles)
baguette (2)
riz (2 paquets)
spaghettis (1 paquet)
eau minérale (3 bouteilles)
limonade (2 bouteilles)

a *M. Noblet:*
Alors, qu'est-ce qu'il me faut?

Il me faut
du café, 1 paquet de café,
…

Continuez.

b A l'épicerie, vous faites les courses pour une boum.

Jouez la scène.

4 EXERCICES

4 Chez Marc▿

le	l'	la	un	une	du	de l'	de la	de	d'
les			des						

Complétez.

Depuis deux semaines, Marc, ~ camarade de classe d'Antoine, ne vient plus à ~ école. Il est malade. Antoine et Stéphanie▿, ~ copine, lui rendent visite. Ils lui apportent ~ sucreries. ~ parents de Marc ne sont pas là. Ils travaillent. Marc dit à Antoine d'aller à ~ cuisine et de chercher ~ boissons.

Marc: Il y a ~ bouteilles dans ~ cuisine. Il y a aussi ~ thé et peut-être ~ chocolat.

Stéphanie: Je n'aime pas ~ thé, je préfère ~ chocolat.

Marc: Antoine, regarde s'il y a encore assez ~ chocolat.

Antoine: Non, il n'y a plus ~ chocolat.

Stéphanie: Il y a ~ limonade?

Marc: Oui.

Stéphanie: Alors, je prends ~ verre ~ limonade.

Marc: Pour moi, un thé, s'il te plaît.

Antoine: Avec ou sans sucre▿?

Marc: Avec ~ sucre. Et avec ~ peu ~ citron. Et toi, Antoine, qu'est-ce que tu prends?

Antoine: ~ verre ~ jus de pomme▿.

Marc: Regarde sous ~ table, dans ~ cuisine. Je pense qu'il y a ~ cartons ~ jus de pomme.

Antoine: Non, ce n'est pas ~ jus de pomme, ce sont ~ cartons ~ jus d'orange. Mais il y a aussi ~ eau minérale. Alors, je prends un verre ~ eau minérale.

5 Qu'est-ce qu'il faut ...? (§ 25)

a Qu'est-ce qu'**il faut** pour faire ...

Exemple: ... un sandwich au jambon?

→ Pour faire un sandwich au jambon,
il faut une baguette, du beurre▿ et du jambon.

Qu'est-ce qu'**il faut** pour faire une salade de fruits?

b Qu'est-ce qu'**il faut faire** pour être un bon sportif?

Pour être un bon sportif,
- il faut aller à l'entraînement
- il faut ...
- il ne faut pas ... *Continuez.*

☐ Et qu'est-ce qu'il faut faire quand on organise une boum?

6 *Tu es d'accord?*

a ***On dit …***

Je trouve que … A mon avis, …

Je suis de l'avis de … Je pense que …

Je suis d'accord (avec …). Je suis de ton avis. Je crois que …

b Quelles sont les expressions que vous employez pour
- donner votre avis,
- dire que vous êtes d'accord?

Et qu'est-ce que vous dites quand vous n'êtes pas d'accord?

c ☞ ***A vous.*** Qu'est-ce que vous pensez …

1. d'une fille qui joue au foot?
2. d'un collège où on ne donne pas de devoirs?
3. des promenades en famille?
4. …?

Discutez en classe.

⟨D'un texte à l'autre⟩

Il y a du courrier*?

1 2 3

- Vous avez des lettres pour moi?
- Non, madame, je n'**en** ai pas.

- Vous avez du courrier pour moi?
- Non, madame, je n'**en** ai pas.

4 Tiens! Aujourd'hui, elle n'est pas là.

5 Je vais lui dire …

6 Non, madame, je n'**en** ai pas.

* **le courrier:** die Post

B Faisons la fête!

1 Samedi après-midi. Nathalie aide Sébastien à préparer la salle de séjour pour la fête. Ils installent d'abord la chaîne hi-fi, puis ils portent la table dans un coin de la pièce.

Nathalie pose des verres, des assiettes, des couteaux, des cuillères et des fourchettes sur la table. Sébastien apporte du pain, du fromage et le clafoutis que sa mère a fait. Ensuite, il va chercher les bouteilles:

– J'espère qu'on a assez de coca? J'en ai acheté dix bouteilles.

– Les copains en boivent beaucoup. Mais avec dix bouteilles, ça va aller.

2 A 18 heures, on sonne à la porte. C'est Hélène et Antoine, avec une salade de riz. «Très bonne idée, merci», dit Sébastien. Et il leur propose le cocktail de bienvenue, un mélange de fruits et de jus de fruits.

Trois minutes plus tard, Jean-Pierre et Franck arrivent. Ils sont très gais. «Regardez. On a réussi à faire ça sans nos mères. Bon appétit!», dit Jean-Pierre. «Ça n'a pas été facile», ajoute Franck. Nathalie pose le saladier sur la table, enlève la serviette ... Et qu'est-ce qu'elle voit? Encore une salade de riz. «Merci, c'est gentil», dit Sébastien.

Dix minutes et trois salades de riz plus tard, Sébastien trouve que ça fait beaucoup de riz, trop de riz! ...

3 Trois heures après, tout va bien. Le buffet ne pose plus de problèmes. Karima a apporté une tarte aux pommes, et la quiche de Clément, quel succès! Et les salades de riz? Eh bien, beaucoup d'invités en choisissent deux ou trois, pour les comparer ... et bientôt, il n'y en a plus. On rigole, on discute, on écoute de la musique, on danse. Il y a une très bonne ambiance. Sébastien pense alors: «Tout est bien qui finit bien.» Mais tout à coup, Nathalie sort de la cuisine: «Viens vite, Sébastien! On a un problème. Devine avec qui?» Et qui est-ce que Sébastien voit quand il entre dans la cuisine? Jean-Pierre. Il a une petite bouteille dans la main et il prépare «son» cocktail. Il leur dit: «C'est bon. Vous en voulez aussi? Trois quarts de jus de fruits, un quart de gin.»

☞ ***A vous.***
Comment est-ce que Sébastien va réagir? Réfléchissez. Continuez l'histoire.

B EXERCICES

1 Au buffet *(§§ 28, 29) Faites des dialogues.*

a
– Je prends du fromage.
Tu **en** veux aussi?
– Du fromage?
| Oui, j'**en** veux bien. Merci.
| Non, merci, je n'**en** veux pas maintenant.

b
– Tu as déjà pris du fromage?
– | Oui, j'**en** ai déjà pris | beaucoup. / un peu.
| Non, je n'**en** ai pas encore pris, mais je vais **en** prendre.

2 Le café et le thé (§§ 28, 29, 30)

boire **en**

a *Complétez.*

Mira: Dis donc, Hélène, vous ~ beaucoup de café en France!
Hélène: Oui, on ~ du café après chaque repas. Et vous, en Allemagne, vous ~ ~ beaucoup?
Mira: Très peu d'Allemands ~ ~ après les repas. Mais on ~ ~ souvent au petit déjeuner▽ et l'après-midi, à 4 ou 5 heures. Nous ~ aussi beaucoup de thé. Il y a beaucoup d'Allemands qui ~ ~ le soir au dîner.
Hélène: Du thé au dîner?!
Mira: Oui, du thé de camomille▽, par exemple.

un petit déjeuner en France

Hélène: Mais ce n'est pas du thé! On appelle ça «une infusion▽» de camomille en français. A la maison, on n'~ a jamais ~ au dîner!
Et qu'est-ce que tu ~ au petit déjeuner en Allemagne?
Mira: Je ~ du chocolat, comme ici.

b ☞ **A vous.** Qu'est-ce que tu bois au petit déjeuner? *Demande à ta voisine/à ton voisin.*

3 Tu aimes les BD? ☞ A vous. *Répondez.*

Employez **le / la / les / lui / leur / en** *à la place des expressions en italique.*

Exemple: – Tu lis souvent **des BD**?

→ – Oui, j'**en** lis souvent.
Non, je n'**en** lis pas souvent.

1. Tu as beaucoup *de BD*?
2. Tu aimes *les histoires d'Astérix*?
3. Tu connais *Idéfix*? (Qui est-ce?)
4. Tu aimes regarder *des films d'Astérix* à la télé ou au cinéma?
5. Les Astérix plaisent *à votre professeur de français*?
6. Tu connais *la BD «L'île noire»*? (Comment s'appelle le monsieur dans le bateau?)
7. Et Lucky Luke [lykilyk]? Tu as déjà lu *des BD de Lucky Luke* ?
8. Tu parles *à des copains et copines* des BD que tu aimes?

4 Il faut choisir le bon moment. (§ 31) *Accordez les verbes.*

Quand Nathalie a quelque chose de difficile à demander à ses parents, elle *(réfléchir)* pour *(choisir)* le bon moment. Elle *(connaître)* ses parents. Elle *(savoir)* comment ils *(réagir)* quand ce n'est pas le bon moment. Et quand ils ont *(dire)* non, c'est *(finir)*. Aujourd'hui, Nathalie a *(choisir)* la fin du dîner.

Nathalie: Est-ce que je *(pouvoir)* vous demander quelque chose? Je voudrais *(partir)* ce week-end avec Hélène et Mira, l'étudiante allemande. Vous *(être)* d'accord?

Mme Noblet: En ce moment, tu *(sortir)* souvent le soir et tu *(partir)* chaque week-end!

M. Noblet: Mais non, elle ne *(sortir)* pas trop souvent pour son âge. Bon, qu'est-ce que vous *(vouloir)* faire?

Nathalie: Eh bien, Mira voudrait *(connaître)* un peu mieux l'Auvergne. Et la cousine d'Hélène, qui *(habiter)* au Puy▽, nous a *(inviter)* à passer le week-end chez elle.

Mme Noblet: Vous *(partir)* donc pour deux jours! Et l'école?

Nathalie: Les profs *(faire)* une journée d'action ce samedi et le collège est fermé.

Mme Noblet: Ah oui, c'*(être)* vrai, vous *(finir)* vos cours vendredi après-midi.

Nathalie: Oui, et nous n'*(avoir)* pas de devoirs à faire pour lundi. Et Mira n'*(avoir)* jamais cours le samedi. Vous *(savoir)* bien que les étudiants *(finir)* toujours leur semaine le vendredi soir. Nous *(partir)* donc samedi matin.

M. Noblet: Et pour *(dormir)*, il n'y a pas de problèmes?

Nathalie: Non, non. Mira et Hélène *(dormir)* dans la chambre d'amis, et moi, je *(dormir)* dans la chambre de Marie, la fille de la cousine. Alors, c'est oui? … Merci, vous *(être)* super!

Le Puy

5 Le week-end au Puy (§ 32) *Attention!* zu → à / de / –

Traduisez.

1. Die drei Mädchen haben beschlossen Le Puy **zu** besichtigen.
2. Hélènes Cousine hat sie eingeladen das nächste Wochenende bei ihr *(chez elle)* **zu** verbringen.
3. Sie hoffen Samstag um 11 Uhr an**zu**kommen.
4. Am Nachmittag *(L'après-midi)* werden sie Zeit haben einen Spaziergang in der Altstadt **zu** machen.
5. Sie ziehen es vor, die Kathedrale Sonntag **zu** besichtigen.
6. Die Cousine wird ihnen helfen die interessanten Bauwerke der Stadt **zu** finden.

6 A propos du vocabulaire

A quels autres mots est-ce que vous pensez quand vous entendez

– le mot «boire»?

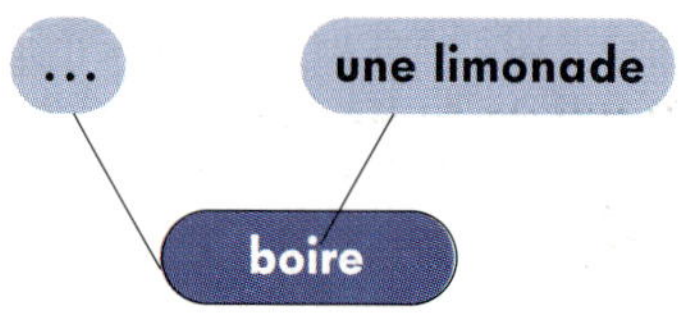

– le mot «manger»?

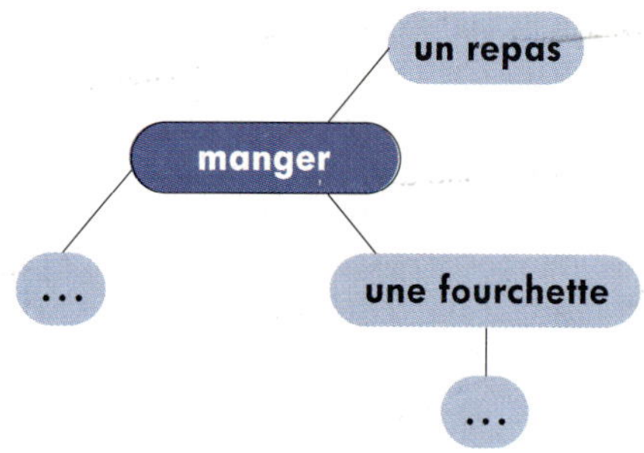

7 A table

a *Faites des dialogues avec ces expressions.*

On dit ...

- Tu peux me passer le pain, s'il te plaît?
- Tu veux de l'eau?
- Bon appétit.
- Il y a encore de la mousse au chocolat. Tu en veux?
- C'est bon?

- Merci, toi aussi.
- Hmm! C'est très bon.
- Non, merci, je n'ai plus faim.
- Oui, je veux bien. J'ai soif.
- Oui ... Voilà.

b *Préparez à quatre une scène à table. Puis, jouez la scène devant la classe.*

c **A vous.** Tu discutes avec ta correspondante française/ton correspondant français.
Elle/Il te pose des questions. Tu lui réponds.

1. Moi, à midi, je mange à la cantine. Et toi?
2. A la maison, on prend le dîner ensemble à 7 heures et demie. Et vous?
3. En France, dans un bon repas, il y a toujours une entrée, un plat principal, du fromage et un dessert. Et chez vous?
4. Les Français mangent toujours du pain avec les repas. Et les Allemands?
5. Tu as déjà mangé du pain français? Tu le trouves bon? Pourquoi (pas)?
6. Les Français boivent souvent de l'eau ou du vin avec les repas. Et chez toi, qu'est-ce que vous buvez?

LEÇON 5

A Le club Radio Ados

1 Clermont-Ferrand a sa radio pour les jeunes: c'est Radio Ados. Et une fois par mois, au club Radio Ados (le CRA) du collège Albert-Camus, on fait une émission pour cette station, une émission qui s'appelle «Découvertes». Son principe: parler avec un invité, connu ou pas, qui a quelque chose à dire aux jeunes auditeurs. Dans le studio, le jour de l'émission, l'invité répond en direct aux questions que les auditeurs lui posent par téléphone. A ses côtés, il y a deux élèves du collège Albert-Camus, Antoine Sorel et Fabienne Costa. Ils présentent l'émission que l'équipe du club Radio Ados a préparée.
L'invité du prochain numéro de «Découvertes» est le chanteur Gilles Floret. Il habite à Clermont-Ferrand. «Tu viens de loin[1]», son dernier CD, a un très grand succès.

2 Séance de travail au club Radio Ados du collège Albert-Camus. Aujourd'hui, l'équipe du CRA discute de la prochaine émission.

[1] Vous trouvez la chanson à la page 97.

Fabienne: Des auditeurs nous ont critiqués parce que nous ne mettons pas de musique dans nos émissions. Alors, qu'est-ce qu'on fait cette fois? On en met un peu, ou pas? Qu'est-ce qu'on décide?

Delphine: Moi, je suis pour. On passe «Tu viens de loin», bien sûr. Ah, Floret: j'adore! Il est génial.

Serge: Dis donc, tu es amoureuse de Gilles Floret, toi! Et moi, bien sûr, tu m'oublies.

Delphine: Mais non, Serge, je ne t'oublie pas!

Serge: Ouf!

Antoine: Oh! Les amoureux! On a assez ri, vous ne croyez pas? On n'est pas là pour rigoler.

Serge: Ça va …

Antoine: Bon … Il y a des auditeurs qui veulent de la musique, c'est vrai. Mais il y en a beaucoup qui ont surtout envie de savoir qui est Gilles Floret. Ils veulent lui parler. Sa chanson, ils la connaissent déjà.

Fabienne: Oui, je crois que tu as raison.

Delphine: On peut passer les CD de ses chanteurs préférés …

Fabienne: On ne l'a jamais fait dans «Découvertes».

Antoine: Ce n'est pas le principe de l'émission.

Delphine: Serge, ton avis?

Serge: Je suis contre la musique dans notre émission: il faut laisser la parole aux auditeurs.

Fabienne: Ça fait trois contre un. Je crois que je n'ai oublié personne …

Delphine: Si. Fanny, donne donc ton avis! Tu n'as encore rien dit.

Fanny: Euh … Je n'ai pas écouté. Je dors un peu, ce matin.

Fabienne: Fanny, qui dort, est sans avis …

Fanny: Pourquoi est-ce que vous riez? …

Antoine: Bon. Fabienne et moi, on va préparer un petit texte sur Floret, pour commencer l'émission.

Serge: Mais pas trop long, hein? Il faut très vite laisser la parole aux auditeurs.

Antoine: D'accord.

Fanny: Bon. Je rentre. J'ai un devoir de maths à faire. A demain.

A EXERCICES

1 A propos du texte

a *Répondez.*

1. Quel est le principe de l'émission «Découvertes»?
2. Dans cette émission, quel est le rôle
   a) du club Radio Ados?
   b) de Fabienne et d'Antoine?
   c) des auditeurs?
   d) de l'invité(e)?
3. Pourquoi est-ce qu'il y a des auditeurs qui ont critiqué l'émission?
4. Est-ce que l'équipe du CRA va changer▽ le principe de l'émission? Dites pourquoi (pas).

b ☞ **A vous.** *Lisez le texte, puis répondez aux questions.*

Ils sont comme ça, les jeunes de 13 à 17 ans…

Ils aiment beaucoup être avec des copains/des copines et ils adorent aller au cinéma.
Pour les filles, aller au cinéma, c'est l'activité préférée.
Pour les garçons, c'est écouter de la musique.
Le sport compte aussi beaucoup.
Et les jeunes passent de 500 à 1000 heures par an devant la télé.

(D'après Juniorscopie)

1. Qu'est-ce que tu préfères: écouter de la musique ou aller au cinéma?
2. Qu'est-ce que tu préfères: les groupes allemands, anglais ou français? Pourquoi?
3. Quelles chanteuses ou quels chanteurs français est-ce que tu connais?
4. Combien d'heures par jour est-ce que tu passes devant la télé?
5. Quelle sorte▽ d'émissions est-ce que tu regardes?
6. Quel sport est-ce que tu aimes?

2 Croire, boire et voir; rire, lire et dire *(§§ 33, 34)*

A vous, les détectives!
Retrouvez les formes des verbes et écrivez ces formes dans vos cahiers. Travaillez à deux. Pour le contrôle, le livret de grammaire peut vous aider.

Exemples:

elle ? ? o ? t	elle croit	tu r ? ?	tu ris
elle b o ? ?	elle boit	tu ? i s	tu dis
elle v o ? ?	elle voit	tu l ? ?	tu lis

1. ils ? o i ? e n t	2. nous ? o ? o n s	3. il a v ?
ils ? ? o i e n t	nous ? u ? o n s	il a ? ?
ils ? o i e n t	nous ? ? o ? o n s	il a ? ? u
4. vous ? i ? e z	5. ils ? i e ? ?	6. elle a ? u
vous ? ? ? e s	ils l ? ? e n t	elle a ? i ?
vous ? i e ?	ils ? i ? ? ? ?	elle a ? i

3 *Je n'ai rien entendu.* (§ 35)

Ihr erinnert euch vielleicht noch an den „Verneinungsbogen" aus Band 1.
Erweitert sieht er jetzt so aus:

1. ne … pas (de)
Je ne travaille pas.
Je n'ai pas de devoirs.
– Est-ce que tu n'écoutes pas tes CD?
– Non, je n'écoute pas mes CD.
je ne les écoute pas.
je ne vais pas les écouter.

2. ne … plus (de)
Je ne travaille plus.
Je n'ai plus de devoirs.
Je ne vais plus travailler:
je vais jouer.

3. ne … jamais (de)
M. Saïd ne ferme jamais:
il n'a jamais de dimanche
pour sa famille.

4. ne … rien
On n'a rien à manger:
je ne mange rien.
Je n'ai rien mangé.

5. ne … personne
– Vous cherchez quelqu'un?
– Non, je ne cherche personne.

– Vous avez vu quelqu'un?
– Non, je n'ai vu personne.

6. oui – non – si – non plus
– Vous voulez des fruits?

Oui. Moi aussi. Moi non. Merci.

– Vous ne voulez pas de merguez?

Moi si. Moi non. Moi non plus.

7. verneintes *être*
L'Hôtel des Invalides?
Ce n'est pas **un** hôtel, c'est un monument.

Ce ne sont pas **des** tickets de métro,
ce sont des billets de cinéma.

8. verneintes *aimer/détester*
– Vous voulez des sandwichs?
– Non, merci. Je n'aime pas **les** sandwichs.

9. verneintes *avoir faim/avoir soif/ avoir classe/avoir cours*
– Tu as faim?
– Non, je n'ai pas faim.
– Tu n'as plus soif?
– Si.

a *Lisez.*

La dame:	*Le monsieur:*
– Vous avez entendu **quelque chose?**	– Non, je **n**'ai **rien** entendu.
– Mince! Le micro! Est-ce que vous avez appelé **quelqu'un?**	– Non, je **n**'ai appelé **personne.**
– On l'a **déjà** dit au public?	– Non, on **ne** l'a **pas encore** dit. Vous savez, le micro …
– Est-ce que vous avez **encore** un micro?	– Non, nous **n**'avons **plus** de micro.

b *Complétez.*

4 A propos du vocabulaire

Formation des mots

a *Trouvez un nom de la même famille.*

Exemples: mentir → un menteur
entrer → une entrée

dessiner	travailler	visiter
voler	inviter	appeler
finir	fêter	préparer

b *Trouvez un verbe de la même famille.*

Exemple: une réponse → répondre

une accusation	un emploi	un téléphone
une connaissance	une boisson	un jeu
un locataire	une écriture	une vue

c *Voilà des mots que tu ne connais pas. Mais tu connais le verbe ou un nom de la même famille. Note ces mots.*

Exemple: une explication → expliquer

un flirt	une discussion	arrêter
informer		découvrir
une description	une existence	une réaction
contrôler		divorcer

B «Découvertes» avec Gilles Floret

Fabienne: Antoine …

Antoine: … et Fabienne …

Fabienne: … sont très, très contents de vous retrouver sur Radio Ados pour un numéro exceptionnel de «Découvertes».

Antoine: «Découvertes», aujourd'hui avec Gilles Floret.

Fabienne: Salut, Gilles.

Gilles: Bonjour, Fabienne. Bonjour, Antoine.

Antoine: Pour poser vos questions à Gilles Floret …

Fabienne: … appelez le 04 73 93 20 00.

Antoine: 04 73 93 20 00.

Fabienne: Gilles Floret, on ne le présente plus à Clermont-Ferrand …

Antoine: … ou alors en peu de mots, pendant qu'on attend le premier appel de nos auditeurs.

Fabienne: Gilles Floret, la nouvelle star de la chanson, est né le 26 janvier 1966 à Courpière, un petit village à 42 kilomètres de Clermont-Ferrand. Ses parents sont agriculteurs. En 1970, la famille Floret quitte le village, comme beaucoup d'autres paysans, pour chercher du travail à Clermont-Ferrand.

Gilles: Exact.

Fabienne: Le temps passe. C'est une époque difficile pour les parents qui ne réussissent pas à oublier leur village. De Courpière à Clermont-Ferrand, de la campagne à la grande ville, un nouveau chapitre commence dans l'histoire des Floret. Pour Gilles, ce sont les années de collège et de lycée, avec la bande de copains, le foot et la découverte de la musique rock. Déjà, il a envie de devenir chanteur.

Antoine: Et voilà la première auditrice. Anne, tu peux poser ta question. Gilles t'écoute.

Anne: Salut, tout le monde. Dis, Gilles, comment était l'ambiance dans ton collège? Est-ce que vous aviez des profs sympa?

Gilles: Tu sais, Anne, c'était l'ambiance d'un collège comme il y en a beaucoup, avec des bons et des mauvais profs, avec des bons et des mauvais élèves. Moi, je n'étais pas très sérieux, mais j'avais la moyenne partout. Je travaillais pour passer d'une classe à l'autre. Et puis, il y avait des matières qui me plaisaient, l'allemand par exemple. Mon prof d'allemand faisait des cours très intéressants. J'avais des bonnes notes en allemand.

Fabienne: Salut, Laurent!

Laurent: Salut, Fabienne. Salut, Gilles. Dis, qu'est-ce qui t'a donné envie de faire de la musique, de chanter?

Gilles: Au collège, mes copains et moi, nous faisions déjà beaucoup de musique. A 15 ans, je voulais devenir chanteur. A l'époque, c'était mon rêve.

Antoine: Gilles Floret est en direct avec vous. Vous pouvez lui poser vos questions au 04 73 93 20 00. Vanessa, c'est à toi.

Gilles: Ça va, Vanessa?

Vanessa: Super. Qui est-ce qui t'a donné ta première chance?

Gilles: Tu sais, on a créé un groupe de rock avec quatre copains de lycée. On jouait dans les rues. On vendait des cassettes qu'on faisait nous-mêmes. Ça marchait bien, très bien même. Et puis, un jour, un producteur a entendu notre musique. Ça lui a plu, et il nous a proposé de faire un disque.

Vanessa: La chance!

Gilles: Mais toi aussi, Vanessa, il faut croire à ta chance. Les choses, il faut les vouloir.

Antoine: Vous êtes bien sur Radio Ados. Aujourd'hui, un numéro exceptionnel de «Découvertes»: «Découvertes» avec Gilles Floret.

Fabienne: Nous prenons un autre appel.

☞ *Vous pouvez écouter la suite de l'émission sur votre cassette.*

1. Marie demande à Gilles: «Qui est-ce que tu aimes?» Qu'est-ce qu'il répond?

2. François demande: «Comment est-ce que tu vois ton avenir[1]?»
   Dans sa réponse, Gilles emploie les mots:
   «l'avenir // le centre du monde[2] // fin – belle histoire // le succès – durer[3] // première tournée»
   Racontez comment il voit son avenir.

3. Fabienne veut savoir: «Quand tu rencontres des jeunes, qu'est-ce qu'ils te demandent?» Antoine ajoute: «Et qu'est-ce que tu leur dis?»
   Notez les mots importants de la réponse de Gilles.

4. Fabienne pose la question: «Est-ce qu'il y a un message dans tes chansons?»
   Faites des phrases qui correspondent à la réponse de Gilles.

– Gilles croit très fort	○ frontières
– Il aime parler	○ amitié/tolérance
– Il n'aime pas	○ problèmes des gens

1. **l'avenir**, *m.*: die Zukunft; 2. **le monde**: die Welt; 3. **durer**: dauern

B EXERCICES

1 A propos du texte *Répondez aux questions.*

1. Comment est-ce que Gilles Floret décrit son collège?
2. Est-ce qu'il était bon élève?
3. Au collège, Gilles aimait l'allemand. Et toi, quelle est ta matière préférée?
4. Dans quelles matières est-ce que tu as la moyenne?
5. Décris le collège de tes rêves.
6. Qu'est-ce que tu penses des «stars»? Est-ce qu'il en faut? Pourquoi (pas)?

Discutez en classe.

☐ 2 Et pourtant, elle tourne! *(§ 36) Travaillez à deux.*

Zeichnet auf ein großes Blatt Papier einen Kreis mit ca. 14 cm Durchmesser und in diesen Kreis einen kleineren mit ca. 10 cm Durchmesser. Schneidet den großen Kreis aus (vgl. Scheibe 1). Zeichnet einen weiteren Kreis von ca. 10 cm Durchmesser und schneidet ihn aus (vgl. Scheibe 2).

Schreibt zunächst auf ein Blatt die **1. Person Plural Präsens** folgender Verben: *écouter, appeler, vendre, partir, finir, faire, mettre, prendre, aller, venir, croire, pouvoir, avoir.*

Schreibt den **Stamm** dieser Formen und die Ausnahme **ét-** für das Verb *être* wie Strahlen auf den Rand von Scheibe 2.

Auf dem Rand von Scheibe 1 verteilt ihr die Imparfait-Endungen.

Befestigt nun Scheibe 2 auf Scheibe 1 mit einer Klammer in der Mitte oder einer Reißzwecke in einem Radiergummi unter den Scheiben.

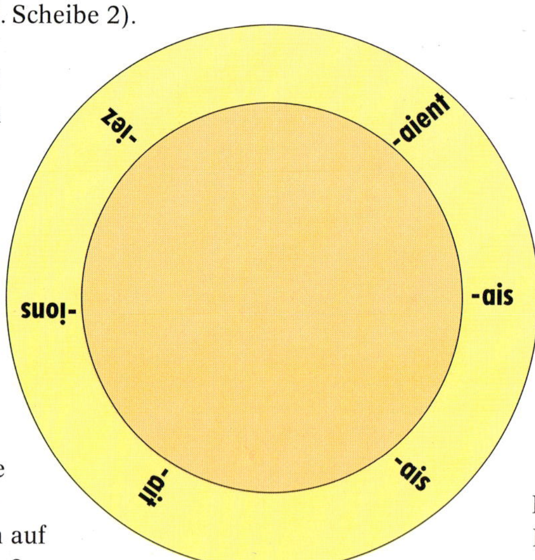

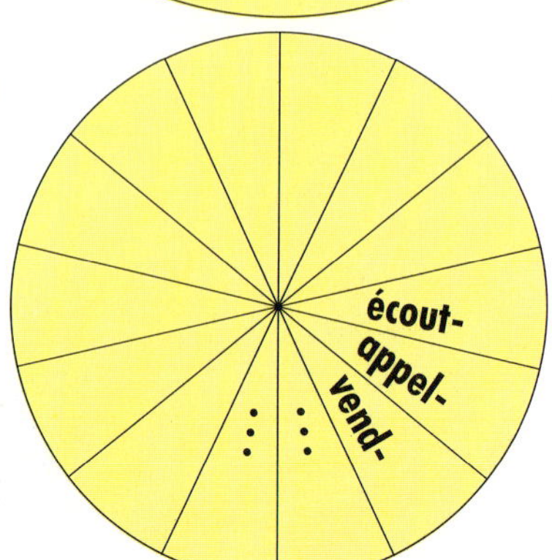

Jetzt stellt einer von euch die Scheiben auf eine Verbform ein und nennt den Infinitiv. Der andere ergänzt mündlich das fehlende Subjektpronomen und bildet einen Satz mit der kompletten **Imparfait**-Form.

Falls noch eine weitere Form „angezeigt" wird, nennt er dann seinerseits den Infinitiv, der Nachbar bildet einen Satz mit der kompletten Verbform. Ansonsten wird neu gedreht.

(Scheiben um 50 % verkleinert)

3 La vie des Noblet à Clermont-Ferrand et à Paris (§§ 36, 37)

Mettez les verbes à l'imparfait.

1. A Clermont, les Noblet *habitent* dans une petite maison.	→ A Paris, ils ~ dans un grand immeuble.
2. Maintenant, M. Noblet *part* à 9 heures moins le quart et *finit* son travail à 6 heures.	→ Avant, il ~ à 8 heures et ne ~ jamais avant 7 heures du soir.
3. *Mme Noblet:* A Clermont, je *travaille* chez un architecte.	→ A Paris, je ~ à l'université.
4. Maintenant, on *fait* les courses une fois par semaine au supermarché.	→ A Paris, on les ~ le soir rue Daguerre.
5. Pour acheter des vêtements, je *vais* toujours au centre-ville.	→ A Paris, j'~ souvent dans les magasins du quartier.
6. Pour acheter du poisson[▽], il *faut* aller au supermarché.	→ A Paris, il ~ seulement descendre et traverser la rue.
7. *Nathalie:* A Clermont, je *suis* avec des garçons et des filles dans l'équipe de volley.	→ Avant, je n'~ pas dans une équipe mixte.
8. *Luc:* Ici, je *fais* du vélo avec un copain.	→ A Paris, je ~ du patin à roulettes devant la tour Montparnasse.
9. *Mme Noblet à Luc et Nathalie:* Vous *avez* envie d'aller au cinéma ce soir?	→ A Paris, nous n'~ pas souvent le temps d'aller voir un film ensemble.

4 Savoir poser des questions (§ 38)

qui est-ce qui … / qui est-ce que … / qu'est-ce qui … / qu'est-ce que …

a *Complétez les questions et répondez. Travaillez à deux.*

Exemple: ? *est content de retrouver les auditeurs sur Radio Ados?*
→ – **Qui est-ce qui** est content de retrouver les auditeurs sur Radio Ados?
– **Antoine et Fabienne.**

1. ? on ne présente plus à Clermont-Ferrand?
2. ? quitte Courpière comme les Floret en 1970?
3. ? les paysans cherchent dans les villes?
4. ? Gilles veut devenir à 15 ans?
5. ? l'équipe a au téléphone pour la première question?
6. ? intéresse la jeune auditrice?
7. ? a donné l'idée à Gilles de devenir chanteur?
8. ? pose la deuxième question à Gilles dans l'émission «Découvertes»?

b *Poser des questions, c'est facile. Tu connais déjà beaucoup de questions.*

Maintenant, prépare une interview à la radio. Ta voisine/Ton voisin joue le rôle d'une grande star de la télévision.

Qui / Qui est-ce qui … ? Comment?
Est-ce que …? Avec qui …? Où … ?
Que/Qu'est-ce que … ? Pourquoi … ?
Qui est-ce que … ? Qu'est-ce qui … ?
Quel / Quelle … ? Quand … ? …

5 Quand est-ce qu'il est né?

grand-père mère
père toi frère
sœur grand-mère

☞ **A vous.** *Note des dates de naissance*▽ *des gens de ta famille.*
Puis, pose des questions à la voisine / à ton voisin.

Exemple:
– Ton frère, quand est-ce qu'il est né? – Il est né en 1977, le 7 janvier.
– Alors, il a … ans.

□ 6 A propos du vocabulaire

La radio

Comment est-ce qu'on dit en français?
Dans le texte, il y a des phrases qui peuvent vous aider.

1. Radio hören
   eine Sendung hören
   seine Lieblingssendung hören
2. eine Sendung machen
   eine Livesendung machen
   ein Interview vorbereiten
3. den Gast vorstellen
   dem Gast das Wort erteilen
   dem Gast Fragen stellen
4. mit Hörerinnen / Hörern telefonieren
   Lieder vorstellen
   Musik auflegen
   CDs abspielen

✎ 7 Regardez les images. *Racontez l'histoire, puis trouvez un titre.*

Continuez l'histoire.

⟨D'un texte à l'autre⟩

Stratégies

Ecouter et comprendre

Keine Angst vor unbekannten Texten!

Mit unbekannten Lesetexten kannst du inzwischen schon gut umgehen. Auch vor Hörtexten brauchst du keine Angst zu haben. Es gibt nämlich einige Tricks, die dir die Aufgabe erleichtern können. Außerdem verlangt niemand von dir, dass du einen unbekannten Text nach dem ersten Hören in allen Einzelheiten verstehst.

Trick 1

- Häufig bekommst du schon **vor dem Hören** einige Informationen zum Text, z. B. erfährst du den Titel. Stell dir vor, wovon in dem Hörtext die Rede sein könnte. Das erleichtert dir das spätere Verstehen des Textes.
- Mache dir klar, was du in dem folgenden Text verstehen willst. Willst du nur einzelne Informationen „heraushören" oder den Text insgesamt verstehen?

Trick 2

Höre den Text dann zunächst entspannt an. Lass dich durch einzelne Wörter oder Stellen, die du nicht verstehst, nicht abschrecken. Finde nur heraus, worum es geht.

Trick 3

- Geht es dann **beim weiteren Hören** nur darum, dass du einzelne Informationen heraushören willst, so konzentriere dich ausschließlich darauf und lass alles andere unbeachtet. Es ist hilfreich, wenn du dir die gesuchten Informationen gleich notierst.
- Geht es hingegen darum, den Handlungsablauf einer Geschichte zu verstehen, so versuche, den „roten Faden" zu erfassen. Hierfür ist es günstig, wenn du dir schon beim Hören Notizen machst. Notiere nur einzelne Wörter oder Ausdrücke als „Bausteine" der Handlung. Sie werden dir die Erinnerung an den Textzusammenhang erleichtern.

Trick 4

Was du darüber hinaus selbst tun kannst: Das Verstehen wird dir um so leichter fallen, je mehr sich dein Ohr an die französische Sprache gewöhnt. Nutze deshalb jede Möglichkeit, Französisch zu hören.
Höre dir immer wieder die Lektionstexte an, die sich auf der Kassette zu „Découvertes" befinden.
Im Radio und im Fernsehen gibt es besondere Sendungen für Leute, die Französisch lernen. Es lohnt sich, zuzuhören oder zuzuschauen.

LEÇON 6

A Une idée géniale

1 «Découvertes» avec Gilles Floret: tout le monde est content, l'émission a bien marché.
Mercredi après-midi, quelques copains sont venus chez Antoine pour faire des maths. En principe, ils veulent préparer un contrôle, mais ils n'ont pas envie de travailler aujourd'hui. D'abord, ils discutent de tout et de rien. Ensuite, ils écoutent Fanny qui a quelque chose d'important à raconter.

2 *Fanny:* Ces derniers temps, nous avons des problèmes à la maison. Papa est au chômage. Il travaillait chez Michelin depuis dix ans et il aimait son métier. Chaque jour, il essayait les pneus sur les routes d'Auvergne. Il adorait ça. Mais il y a trois mois, on l'a licencié. Au début, il a mal pris son licenciement et nous avons vécu des moments difficiles. Et puis, il a eu une idée que je trouve géniale. On espère qu'elle va réussir, mais ce n'est pas sûr …

Antoine: Raconte!

Fanny: Il faut dire que toute la famille de ma mère vit à Clermont. Maman et moi, nous ne voulions pas quitter l'Auvergne pour aller vivre à Paris ou dans une autre grande ville. Papa non plus. Il a donc cherché un travail dans la région, mais il n'a rien trouvé.

Fabienne: Bien sûr! Sauf chez Michelin … qui licencie, où est-ce qu'on peut trouver des emplois en Auvergne?

Fanny: Oui, je ne vois pas mon père travailler dans une station thermale ou «essayer» des fromages …

Serge: A Clermont-Ferrand, il y a une très bonne station de radio … avec des emplois, peut-être.

Delphine: S'il te plaît, Serge, essaie de dire des choses plus intelligentes. Et maintenant, laissez parler Fanny.

3 Et Fanny raconte.
Son père, M. Forestier, a créé une petite entreprise avec un ami. Ils ont acheté une montgolfière magnifique, de toutes les couleurs.
Pourquoi?
Ils veulent montrer l'Auvergne d'une façon originale: du ciel. Survoler les volcans en ballon, c'est un très beau spectacle que tous les touristes vont aimer. Voilà! C'est ça, l'idée …

4 Les copains ont trouvé cette idée excellente. Serge a dit: «Je propose d'inviter ton père pour le prochain numéro de «Découvertes», Fanny. Il a des choses très intéressantes à raconter aux auditeurs. Et puis, il faut lui faire de la pub.» Antoine a tout de suite eu envie de faire un petit tour en montgolfière. Et Ludovic (le Terrible), qui passait par là, a tout entendu et est allé voir sa mère pour lui dire: «Maman! Antoine veut monter dans un mongol … euh … dans une mongole …, dans un ballon! Ce n'est pas juste! Moi aussi, je veux!»

L'Auvergne est ouverte

AUVERGNE

PUY-DE-DOME

LES VACANCES
GRANDEUR NATURE

Ne lisez pas tout de suite le texte. Regardez d'abord l'exercice 1b, page 60.

C'est arrivé[1] ce jour-là.

4 juin 1783 Le 1er vol d'une montgolfière

Montgolfière ... vient de «Montgolfier». C'est le nom de deux frères, Joseph et Etienne, qui inventent un engin qui vole, le premier ballon de l'histoire. Le vol historique a lieu[2] à Annonay, en Ardèche, le 4 juin 1783.

Comment leur est venue l'idée de cet engin? Une petite histoire dans la grande: un jour, Joseph Montgolfier regarde la chemise que quelqu'un a posée dans la cheminée de sa cuisine; tout à coup, le vêtement, chauffé[3] par les flammes, gonfle[4] et cherche à monter dans la cheminée.

Les frères Montgolfier, fabricants de papier à Annonay, ont alors l'idée de remplir[5] un grand sac d' air chaud[6] : c'est le vol du 4 juin 1783 où la montgolfière monte à 2000 mètres d' altitude et retombe à 4 kilomètres de son point de départ[7] .

Autre date historique: le 21 novembre 1783 où, pour la première fois, deux hommes «volent». Leur montgolfière survole Paris, les Invalides, Notre-Dame. Les Parisiens admirent cette découverte, Louis XVI aussi ...

(D'après une encyclopédie pour jeunes)

Vocabulaire:

1. **arriver:** *hier:* geschehen; 2. **avoir lieu:** stattfinden; 3. **chauffer:** erwärmen; 4. **gonfler:** sich aufblähen; 5. **remplir:** füllen; 6. **chaud:** warm; 7. **le point de départ:** der Ausgangspunkt

A EXERCICES

1 A propos du texte

a *Répondez.*

1. Quel est le problème de Fanny et de sa famille?
2. Pourquoi est-ce qu'il est difficile pour le père de trouver un nouveau travail?
3. Quelle idée est-ce qu'il a alors?
4. ☞ ***A vous.*** *Qu'est-ce qui change dans une famille où l'un des parents est au chômage?*

b *Comment comprendre le texte «C'est arrivé ce jour-là»?*

Dans le texte «C'est arrivé ce jour-là», il y a beaucoup de mots que vous ne connaissez pas encore. (Ils sont blancs dans le texte.) Il y en a seulement sept qui sont expliqués. Pourtant, vous allez comprendre le texte.

- *Regardez d'abord le «ballon» (page 59). Qu'est-ce que vous savez sur ces ballons? Comparez vos connaissances. Vous pouvez le faire en allemand.*
- *Puis, lisez et dites en allemand de quoi on parle dans ce texte.*
- *Ensuite, regardez les mots «en blanc» et expliquez pourquoi vous les comprenez. (Relisez la page 26.)*
- *A la fin, répondez aux questions.*

1. D'où vient le nom de «montgolfière»?
2. Quand et où est-ce que le vol historique a lieu?
3. Comment est-ce que l'idée de faire une montgolfière vient à Joseph Montgolfier?
4. Comment est-ce que les frères font la première montgolfière?
5. Que fait la montgolfière le 4 juin 1783?
6. Qu'est-ce qui arrive le 21 novembre 1783?
7. D'où vient le texte?

2 Dans la caverne de Ludo le Terrible *(§ 39)*

tout le / toute la
tous les / toutes les

a Dans la «caverne» de Ludo, on ne sait plus où mettre les pieds. Mais aujourd'hui, Mme Sorel lui dit de ranger▽ sa chambre. Alors, il met tout sous le lit:
tous les jeans,
toutes les cassettes,
... *Continuez.*

Dans la «caverne», il y a ...

des jeans — des cassettes
du chocolat — des T-shirts — des sweats
des cartes postales — un puzzle
une collection de sucettes

b ☞ ***A vous.*** Quand et comment est-ce que vous rangez votre chambre?

3 *La boum de Jean-Pierre* (§ 40)

Regardez les dessins, puis mettez les verbes entre parenthèses à l'imparfait ou au passé composé.

Nathalie raconte:
La boum de Jean-Pierre, **c'était** samedi dernier.

1. Au début, c' *(être)* comme à chaque boum de la bande du volley:
2. il y *(avoir)* à manger et à boire,
3. tout le monde *(être)* en forme,
4. la musique *(être)* super,
5. les uns *(danser)* et *(flirter)*,
6. les autres *(bavarder)* et *(rigoler)*.

Puis, tout à coup, à minuit pile, Jean-Pierre **a eu** une mauvaise idée.

7. Il *(mettre)* sa chanson préférée.
8. Il *(ouvrir)* une fenêtre▽ et il *(commencer)* à chanter comme un fou. Un bruit impossible!
9. Tout de suite, les voisins *(arriver)*. Ils *(sonner)*.
10. Jean-Pierre *(ouvrir)* la porte. Je ne sais pas pourquoi, mais il *(ne pas être)* très gentil avec les voisins.
11. Alors, Sébastien *(aller)* à la porte. Il *(dire)*: «Excusez-nous. Nous n'allons plus vous déranger.»
12. Les voisins *(partir)*, et nous aussi.

Il est bizarre, Jean-Pierre.

6 EXERCICES

4 La première chance (§ 40)

a *Lisez l'histoire d'Elodie▽.*

1. Elodie a 16 ans.
2. Elle va au lycée.
3. Elle est bonne élève.
4. Elle aime beaucoup danser.
5. Elle prend des cours de danse▽ depuis deux ans.
6. Elle veut devenir danseuse▽.
7. Un jour, la télévision cherche une jeune fille.
8. Tout de suite, Elodie écrit à la télévision.
9. On l'invite.
10. On lui donne un petit rôle.

b Dix ans plus tard, la star raconte. «J'avais ...» *Continuez.*

5 Le rêve d'Hélène (§ 40)

M. Forestier a invité Hélène, Antoine et leur père à faire un tour en montgolfière. Quelques nuits avant le grand jour, Hélène fait un rêve.
Lisez le rêve d'Hélène.

C'est le jour du vol▽. Je suis contente. L'idée de monter dans le ciel en montgolfière me plaît. Mais j'ai aussi un peu peur. Je prends mon petit déjeuner sans appétit: je pense tout le temps au vol.

A 8 heures, nous partons en voiture. A 20 kilomètres de Clermont-Ferrand, nous voyons la police sur la route. Elle est bloquée. On prend une autre route.

Je demande à papa: «Tu la connais, cette route?» Il ne la connaît pas. Dans un village, il prend la mauvaise direction. Nous perdons beaucoup de temps. A 10 heures, nous voyons une montgolfière dans le ciel.

Je vois Fanny et M. Forestier. Dans la montgolfière, il y a aussi Dracula et Gilles Floret. Je crie: «Attention, papa!» Trop tard! Il rentre dans▽ un arbre. Nous sortons de la voiture. Nous n'avons rien. Nous regardons le ciel. La montgolfière n'est plus là.

Hélène raconte son rêve à Mira.
Hélène: Mira, je vais te raconter un rêve bizarre.
Mira: Alors, commence. Je t'écoute.
Hélène: C'était le jour du vol ... *Continuez.*

Regardez les expressions de la liste, «Vocabulaire», p. 136.

Ça, c'était le rêve d'Hélène. Qu'est-ce qui va arriver en réalité▽? *Lisez le texte B.*

B En ballon au-dessus des volcans

Auvergne: montgolfières

1 «Forestair», la petite entreprise de M. Forestier, a donc commencé ses activités. Il est, bien sûr, encore trop tôt pour parler de succès. Mais la montgolfière a déjà volé plusieurs fois avec, à bord, des journalistes, des touristes et des gens qui voulaient faire des films sur l'Auvergne. Ces premiers clients sont très contents: le spectacle de la nature vue du ciel les a beaucoup impressionnés.

2 Antoine, Hélène et leur père ont rendez-vous avec M. Forestier à douze kilomètres de Clermont-Ferrand, dans le parc des volcans. M. Forestier et son ami, le pilote du ballon, sont déjà là: ils préparent le vol. Fanny les aide. Il y a aussi deux reporters qui veulent écrire un article sur Forestair. C'est l'hiver, mais il fait un temps magnifique.

Pendant ce temps, M. Sorel, au volant de sa voiture, pense:

«Il est gentil, ce monsieur Forestier, de nous inviter dans sa montgolfière, très gentil. Mais je n'ai pas très envie de voir l'Auvergne de cette façon. Je vais avoir froid: il ne fait pas chaud ce matin. Et il va peut-être neiger. En hiver, on ne sait jamais!»

Antoine: Qu'est-ce que tu as, papa? D'habitude, tu conduis mieux ...

M. Sorel: Tu trouves? C'est peut-être le coq au vin d'hier. Je ne suis pas en forme aujourd'hui, j'ai mal au ventre. Je crois que j'ai mis un peu trop de beurre dans la sauce ... Euh ... écoutez, les enfants, ça tombe mal. Mais cette promenade dans le ciel, eh bien, je sens que je vais la faire une autre fois ...

3 Peu à peu, la montgolfière prend de l'altitude dans un ciel sans nuages où le soleil brille. «Qu'est-ce qu'il fait beau!», dit Fanny, qui ajoute: «On a de la chance. Hier, il pleuvait et il faisait froid!»

La montgolfière est maintenant au milieu du ciel, au-dessus des volcans. Le paysage devient une très grande carte en relief. Le Puy de Dôme, puis un deuxième volcan, un troisième ... Le ballon survole le Puy de Sancy. M. Forestier montre alors Super-Besse à ses jeunes invités, une station de sports d'hiver qu'on a construite à 1350 mètres d'altitude. On voit les skieurs. Fanny n'aime pas les stations de sports d'hiver parce qu'elles détruisent les paysages: «Est-ce qu'on pense à la nature quand on construit des villes à la montagne?»

Mais le vol continue et le spectacle est magnifique. Les jeunes ne trouvent pas de mots pour le décrire. Tout à coup, des parapentes viennent tourner autour de la montgolfière: un sport qui plaît à Antoine, mais pas à ses parents. Antoine et sa sœur pensent alors à leur père. «Ah, cette poule mouillée! On va avoir beaucoup de choses à lui raconter», dit Hélène.

◁ *Super-Besse*

un parapente ▷

le parc des volcans en hiver

B EXERCICES

1 Les couleurs du ciel

a On dit . . .

Il pleut.

– Quel temps fait-il▽?

– Il	fait	très	beau.
	ne fait pas	trop	mauvais.
			chaud.
			froid.

Il y a du soleil.

Il neige.

– Quelle température▽ fait-il?

– Il fait	10 degrés▽.
	moins deux▽.

Il y a des nuages.

b A vous

1. Quel temps fait-il chez vous aujourd'hui?
2. Quel temps est-ce que vous aimez? *Dites pourquoi.*
3. *Travaillez à deux.* Vous avez votre correspondante française/correspondant français au téléphone. Vous parlez du temps qu'il fait et d'autres choses. *Imaginez le dialogue.*

2 A propos du vocabulaire

a *Répondez et mettez le contraire.*

Exemple: – Ils ont **baissé** le prix du pain?

–	Mais non,	ils l'ont **augmenté**.
	Au contraire▽,	

1. Tu trouves que c'est un film **triste**?
2. Vous avez **gagné** le match?
3. Il fait **froid** chez vous?
4. Tu as **fini** tes devoirs?
5. C'est vrai? Vos voisins sont **méchants**?
6. Est-ce que cet article sur le parc des volcans est **intéressant**?
7. Tu **aimes beaucoup** Sébastien?
8. Est-ce que le nouveau professeur d'allemand est **jeune**?

b *Travaillez à deux. Trouvez d'autres mots ou expressions qui ont un contraire. Employez ces mots ou expressions dans un petit dialogue.*

3 Le quartier change. *(§§ 41, 42)*

a *Accordez les verbes.*

Le vieux M. Sorel, qui *(vivre)* à Clermont-Ferrand jusqu'en 1995, est en visite dans la famille de son fils.
Après une promenade dans le quartier, il dit à Mme Sorel:

– *(Dire)* donc, le nouveau bâtiment qu'on *(construire)* dans le quartier, depuis quand est-ce qu'il est terminé?
– Depuis deux mois.
– Et les gens qui *(vivre)* dans le vieil immeuble avant, où est-ce qu'ils *(vivre)* maintenant?
– Je ne *(savoir)* pas.
– C'est toujours la même chose: on *(détruire)*, on *(construire)*, on *(construire)*, on *(détruire)*! Je n'aime pas ça!
– Mais écoute, toi aussi, tu *(vivre)* dans un appartement moderne▽ maintenant, et tu *(préférer)* ça, non?
– Oui. Mais je trouve que, quand nous *(détruire)* les vieux immeubles d'un quartier, nous *(changer)* aussi souvent son caractère.

b ☞ **A vous.** Qu'est-ce qui a changé dans votre quartier/votre village?

rue des Gras

Clermont-Ferrand: nouveau quartier

4 Les amis de la nature

a Les amis de la nature, qu'est-ce qu'ils font et qu'est-ce qu'ils ne font pas?

Trouvez d'autres exemples.

déranger les animaux dans la forêt
prendre des sacs en plastique▽ pour faire les courses
prendre le vélo, le bus ou le métro pour aller en ville
faire des promenades en voiture
laisser tomber des papiers▽ dans la rue
conduire très vite

☐ **b** Fanny n'aime pas les stations de sports d'hiver. Elle dit:
«Est-ce qu'on pense à la nature quand on construit des villes à la montagne?»
Est-ce que vous êtes d'accord avec Fanny?
Donnez votre avis.

5 Une carte ou une lettre

a Vous connaissez déjà des expressions pour commencer et finir une carte postale ou une lettre. *Faites une liste de ces expressions.*

b M. Forestier a des belles cartes postales de sa montgolfière.
Antoine en envoie une à son ami Patrick qui habite à Lille. Qu'est-ce qu'il écrit?

☐ **c** Hélène écrit une lettre à son amie Véronique▽ qui habite à Bruxelles.
Dans sa lettre, elle parle des problèmes de M. Forestier, de son nouveau travail;
elle raconte le vol en montgolfière et décrit la réaction de son père.
Elle demande à Véronique comment ça va dans sa famille et au lycée.
Puis, elle l'invite à Clermont-Ferrand.

Stratégies Apprendre le vocabulaire

Wortschatz

lernen – **behalten** – **wiederholen** – **anwenden**

Wer Sprachen lernt, muss Vokabeln lernen. Dabei gilt es zunächst einige Grundregeln zu berücksichtigen. Diese findest du auf Seite 107.

Hier einige **Tricks**, die das Lernen und vor allem das **Behalten** erleichtern.

Trick 1

Schreibe Vokabeln, die du immer wieder vergisst, auf **Karteikärtchen** (Vorderseite deutsch, Rückseite französisch). Da sie klein und handlich sind, kannst du überall damit lernen: im Bus, im Wartezimmer, am Strand, auf der Parkbank …

Trick 2

Eine gute Hilfe zum Einprägen ist das Lernen in **Gegensatzpaaren** (vergleiche Übung 2, S. 65).

Beispiele: *monter* ≠ *descendre* *devant* ≠ *derrière*
arriver ≠ *partir* *grand/grande* ≠ *petit/petite*

Trick 3

Eine weitere Hilfe ist das Lernen in **Wortfamilien** (vergleiche Übung 4, S. 51).

Beispiele: *mentir* → *un menteur*
discuter → *une discussion*

Trick 4

Das Vokabelringbuch

Es ist sinnvoll, Vokabeln nach bestimmten Gesichtspunkten zu ordnen. Das ist zwar etwas mühsam und bedarf eines längeren Atems, erweist sich aber bald als äußerst nützlich. Du wirst schnell feststellen, dass sich **Vokabeln in thematischen Zusammenhängen** besser lernen und behalten lassen. Hier nun ein Vorschlag zum systematischen Umgang mit Vokabeln.

- Lege dir ein **DIN-A-5-Ringbuch** an. (Es kann auch größer sein.) Stelle auf **jeweils einer Seite** das Vokabular **zu einem Thema** zusammen. Schreibe das Thema als Überschrift oben auf die Seite. Hier einige Themen, die in „Découvertes 2" behandelt werden: *les vêtements – le sport – la maison – manger et boire – le temps qu'il fait –…*
- Hilfreich ist es auch, auf jeweils einer Seite **Redewendungen** zusammenzustellen, die du in bestimmten Gesprächssituationen benötigst. Auch hier einige Situationen aus „Découvertes 2": *demander pardon – au téléphone – décrire quelqu'un – donner son avis –…*

Gute Vorlagen zu diesen thematischen Seiten sind die **„On dit-Kästen"** (z. B. S. 12, 20, 24) und die **Revisionskästen** im *Vocabulaire* (z. B. S. 112, 117, 118, 122). Du kannst sie abschreiben und selbst ergänzen.

LEÇON 7

☞ ***A vous.***
Regardez les photos, lisez le titre de l'histoire, puis dites de quoi on parle dans ce texte. Comparez vos idées.

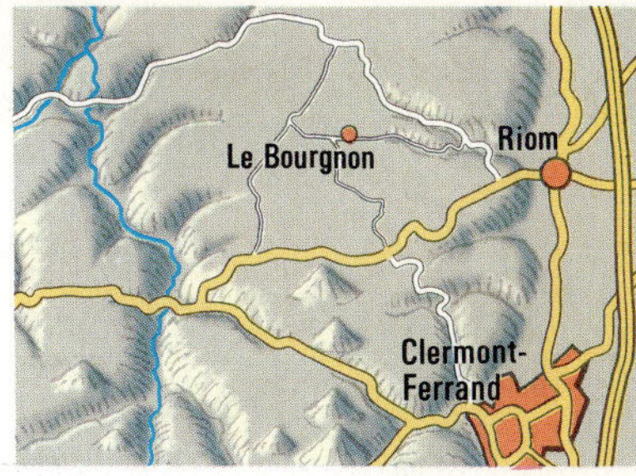

Une nuit de février

I

Marc Dixier a deux métiers, il est agriculteur et ouvrier. Il est agriculteur au Bourgnon, un petit village de vingt maisons qui se trouve à 25 kilomètres de Clermont-Ferrand, et ouvrier chez Michelin, à Clermont-Ferrand. Entre la capitale de l'Auvergne et Le Bourgnon, il faut bien compter une heure de voiture.

Ce soir-là, comme beaucoup d'autres soirs, Marc Dixier quitte son travail, fatigué.

Un collègue l'arrête devant l'usine:

– Tu as vu le temps? Il va neiger, c'est sûr. Les routes peuvent devenir dangereuses. Viens passer la nuit chez nous, à la maison.

– Tu es gentil, mais les enfants sont seuls. Et puis, il faut s'occuper des bêtes, le soir.

– Et quand est-ce que tu te reposes?

– Quand j'ai terminé mon travail.

– Pourquoi est-ce que tu ne la vends pas, cette ferme?

– Parce que, chez les Dixier, on est agriculteur de père en fils au Bourgnon et parce que j'aime ce métier. Allez, je te laisse. Merci encore. A demain.

Au volant de sa voiture, Marc Dixier pense à la neige que son collègue vient de lui annoncer et que la radio, maintenant, annonce pour cette nuit ou peut-être pour demain. C'est vrai qu'il fait froid et que le vent est très fort. Et toute cette route à faire... Mais il se dit qu'il a pourtant de la chance de gagner chez Michelin l'argent qu'il lui faut pour pouvoir garder sa ferme.

Une demi-heure après, quand Marc Dixier arrive à Riom, à 15 kilomètres de Clermont-Ferrand, la neige commence à tomber. Et quelle neige! Il n'a jamais vu ça. Il se demande s'il va réussir, cette nuit de février, à monter jusqu'à son village...

II

Pendant ce temps, dans la ferme des Dixier, au Bourgnon, on dîne. Les enfants, Muriel, 14 ans, Maurice, 11 ans, et Florent, 9 ans, s'inquiètent.

«Vous avez vu la tempête? J'espère que papa est resté à Clermont-Ferrand», dit Muriel.
Ses petits frères ont peur. Leur mère est déjà partie depuis une heure. Elle est infirmière à l'hôpital de Riom et, cette nuit, elle travaille.
A neuf heures et demie, les garçons vont se coucher. Muriel a un devoir à finir. Tout à coup, le téléphone sonne.

– Allô?
– C'est maman. Tout va bien, Muriel?
– Oui, oui. Ne t'inquiète pas.
– Vous avez eu des nouvelles de papa?
– Non. Il n'a pas téléphoné.
– J'espère quand même qu'il est resté à Clermont-Ferrand!
– Mais tu connais papa ...
– Ecoute, s'il y a un problème, téléphone-moi. Ou alors, si je ne suis pas là, adressez-vous aux voisins. Florent s'est couché?
– Oui. Maurice aussi. Au revoir, maman.
– Je vous embrasse.

Entre Riom et Le Bourgnon, la situation est grave: la circulation est devenue très difficile, très dangereuse sur la route pleine de virages. Dans ce monde en noir et blanc, Marc Dixier lutte contre la tempête. Mais bientôt, la neige bloque sa voiture qui s'arrête. Il se met à avoir très peur. Il se demande si le toit de l'étable, qu'il a réparé de façon provisoire, va tenir longtemps avec toute la neige qui tombe. Il pense aux bêtes qu'il vient d'acheter. Il pense à tout l'argent qu'il a dépensé pour la ferme, pour pouvoir, un jour, vivre de la ferme ...

III

Une heure passe, puis deux ... Il n'y a presque plus de vent, maintenant. Peu à peu, la neige arrête de tomber. Enfin, c'est le silence, le silence après la tempête. Tout à coup, au loin, Marc Dixier voit des phares, des phares qui avancent vers lui: c'est le chasse-neige. Il va lui ouvrir la route. Enfin!

Marc Dixier arrive chez lui à une heure du matin. Dans la ferme, il n'y a plus d'électricité. Il éclaire donc l'étable avec les phares de sa voiture. Mais qu'est-ce qu'il y a là-bas, devant le mur? Des tuiles tombées du toit. Mon Dieu, les bêtes, où sont les bêtes?

Déjà, Marc Dixier est dans l'étable. Près de la porte, il découvre le petit veau, mort. Et les vaches? Pas de vaches dans l'étable, seulement un grand trou dans le toit. Marc Dixier monte alors très vite dans la chambre des enfants: personne! C'est la panique ... Tout à coup, il entend quelqu'un l'appeler du rez-de-chaussée.

– C'est toi, papa?

– Muriel! Qu'est-ce qui se passe? Où est-ce que vous êtes?

– On est à côté, chez Marcel.

– Et les bêtes?

– Aussi.

– Comment est-ce que vous avez fait?

– J'étais couchée depuis peut-être un quart d'heure quand j'ai entendu du bruit. Je me suis dit: Ça, c'est l'étable, le toit. Je me suis levée tout de suite et j'ai réveillé Maurice et Florent qui dormaient. Pendant qu'ils s'habillaient, je suis allée voir à l'étable. Le toit tenait encore, mais il y avait des bruits bizarres ... Alors, on est vite allés chercher de l'aide chez les voisins. Ils ont été très gentils. On a conduit le troupeau dans leur étable. Mais il manquait le petit veau. Quand je suis retournée à la ferme pour le chercher, il y avait un grand trou dans le toit ...

– Ne pleure pas, Muriel. Le petit veau est mort, je sais. Mais vous avez sauvé le troupeau. Vous avez été formidables, toi et tes frères. Allons vite chez Marcel: je veux dire merci à tout le monde.

EXERCICES

1 A propos du texte

a *Lisez le chapitre I (page 69).*

1. Où se trouve la ferme des Dixier?
2. Qu'est-ce qu'on apprend sur le temps qu'il fait?
3. Pourquoi est-ce que Marc Dixier ne va pas passer la nuit chez son collègue?
4. Pourquoi est-ce que Marc Dixier ne vend pas sa ferme?
5. *Réfléchissez:* Pourquoi est-ce qu'il faut compter une heure de voiture pour faire les 25 kilomètres entre Clermont-Ferrand et Le Bourgnon?
6. Imaginez pourquoi les enfants sont seuls ce soir-là.

b *Lisez le chapitre II (page 70), puis travaillez à deux.*

1. Combien de parties a ce texte?
2. Trouvez un titre pour chaque partie.

c *Lisez le chapitre III (page 71), puis travaillez à deux.*

Trouvez les informations importantes des lignes 9 à 22.
(Relisez «D'un texte à l'autre», page 31.)

☐ *Résumez cette partie (lignes 9 à 22) en quelques phrases.*

☐ *Ensuite, continuez la phrase «Muriel raconte à son père comment …» pour résumer les lignes 23 à 47 en une seule phrase.*

2 A propos du vocabulaire

a **Les métiers** *(après le chapitre I):*

Où est-ce qu'ils travaillent?

Faites une liste. Travaillez à deux.
Combien de paires est-ce que vous trouvez?

un agriculteur	→	une ferme
un professeur	→	…
…		…

b **Le temps qu'il fait** *(après le chapitre II):*

A quels autres mots et expressions est-ce que vous pensez quand vous entendez l'expression «le temps qu'il fait»?

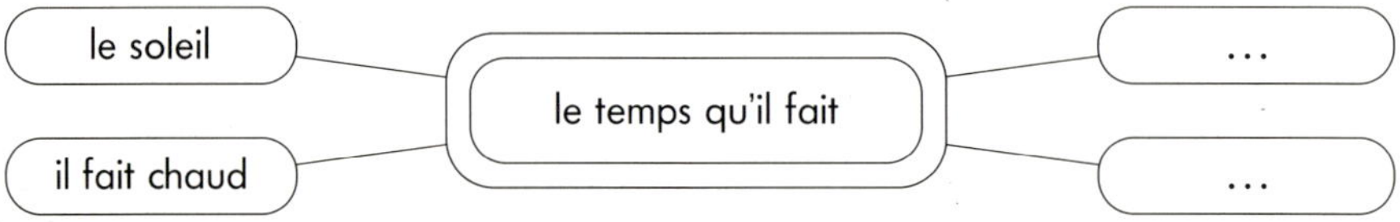

c Les animaux *(après le chapitre III):*

Quand les animaux parlent français …
Quel animal fait …

cocorico! [kɔkɔriko]
miaou! miaou! [mjau]
ouah! ouah! [wa]
cott! cott! cott! [kɔt]
meuh! meuh! [mø]

?

3 Pendant la récréation *(§ 43) Faites des dialogues.*

Exemple: – Tu as préparé le texte? – Oui, je **viens de** le préparer.

terminer ton devoir de géo
apprendre ton vocabulaire
rendre la cassette
lire le dernier Astérix
parler à Jean-Pierre et Franck
écrire à ta copine
faire les exercices d'anglais
…

4 Un matin chez les Dixier *(§ 44)*

Complétez et accordez les verbes.

A six heures moins le quart, Mme Dixier réveille les enfants.	
Elle entre dans la chambre de Muriel et lui dit:	
– Bonjour, ma grande. Tu ~?	*se lever*
Ensuite, Mme Dixier va dans la chambre des garçons.	
– Je ne ~ pas aujourd'hui, dit Maurice.	*se lever*
– Et pourquoi pas?, demande la mère. Elle ~.	*s'inquiéter*
– Je ne ~ pas bien.	*se sentir*
– Maurice ne veut pas ~ parce qu'il a un contrôle de géo aujourd'hui, dit Florent.	*se lever*
Maurice ~ à crier: «Menteur! Tu es un menteur!»	*se mettre*
– Arrêtez, les garçons. Vous ~ et vous ~.	*se lever, s'habiller*
Et n'oubliez pas de ~.	*se laver*▽

5 Faites un poème. (§§ 45, 46)

Dans votre poème, employez des verbes comme
s'arrêter, s'excuser, se coucher,
s'habiller, s'inquiéter, se lever,
s'occuper, se reposer, se réveiller.

Voilà un modèle.

J'ai dit au chien:
«Lève-toi»,
et le chien s'est levé.
J'ai dit aux hommes:
«Arrêtez-vous»,
et les hommes se sont arrêtés.
. . .
J'ai dit à l'enfant:
«Ne t'inquiète pas»,
mais l'enfant s'est quand même inquiété.

6 Des phrases que Muriel déteste (§ 46)

a Muriel aime bien ses parents.
Mais il y a des phrases qu'elle déteste.

Retrouvez-les.

1. quand je te parle. | -moi | Regarde
2. Ne | comme ça. | me | pas | parle
3. couche | Ne | pas | te | tard. | trop
4. des devoirs | -toi | de tes frères. | Occupe
5. Tu n'as toujours pas rangé ta chambre. | tout de suite. | -la | Range
6. Quelle musique idiote! | plus | l' | dans notre salle de séjour. | Ne | écoute
7. -nous, | Croyez | les enfants, | c'est pour vous que nous travaillons.
8. Je sais que tu n'aimes pas téléphoner à ton oncle▽ René. | quand-même. | -lui | Téléphone

b ☞ **A vous.** *Quels sont les impératifs que tu détestes?*
Imagine des impératifs que tu aimes.

7 *Elle* (*§ 47*)

a *Expliquez en allemand pourquoi on emploie l'imparfait et le passé composé dans ces deux phrases.*

Le père de Sébastien raconte:

1. Quand j'étais enfant, nous n'habitions pas encore en Auvergne.
2. Quand nous sommes allés à Clermont, j'avais 15 ans.

b Le père de Sébastien continue.

Mettez les verbes à l'imparfait ou au passé composé.

Je *(passer)* mes premières vacances de neige à Super-Besse quand je *(être)* étudiant. Je *(pouvoir)* habiter chez mon oncle à Besse. Comme▿ ce *(être)* assez loin de Super-Besse, je *(se lever)* toujours très tôt pour arriver à la station de ski vers 9 heures. Puis, je *(prendre)* un chocolat chaud dans un petit café. Un jour, quand je *(sortir)* de ce café, je *(voir)* une jeune fille qui *(attendre)* devant l'office du tourisme. Comme elle me *(plaire)* tout de suite, je *(s'arrêter)* et je la *(regarder)*. Et pendant que je la *(regarder)*, je *(avoir)* l'idée de lui proposer de faire du ski▿ avec moi. Elle *(dire)* oui. Ce *(être)* une bonne skieuse – et moi, je *(être)* débutant. Et ce *(être)* une fille très gaie qui *(rigoler)* tout le temps pendant qu'on *(descendre)* ensemble. La piste▿ *(être)* difficile pour moi. Pourtant, je *(ne pas tomber)* tout de suite. Mais quand nous *(descendre)* la deuxième fois, je *(rater)* un virage et je *(tomber)*.

c *Imaginez la fin de l'histoire.*

Le ski, c'est génial!

8 «pendant» ou «pendant que»

a Voilà des titres qu'on a trouvés dans une revue▽ allemande. *Traduisez-les.*

Während die Bauern die Straße blockierten, hupten 1000 Autofahrer.

Während der Star sang, schlief das Publikum!

Schlimmer Unfall während des Konzerts.

Während der Arbeit lacht man nicht!

b *Vous êtes journaliste et vous écrivez, en français, un article avec un de ces titres.*

9 On n'est pas seul!

a On dit ...

Vous vous inquiétez:

J'ai peur.
Ça me fait peur.
J'ai le trac.
Mon Dieu!
Je commence à m'inquiéter.

Vous demandez de l'aide:

Tu peux m'aider, s'il te plaît?
Vous pouvez m'aider, s'il vous plaît?
Au secours!
Je cherche de l'aide.

Vous rassurez▽ quelqu'un qui s'inquiète:

Ne t'inquiète pas.
Il ne faut pas avoir peur.
Ça va aller.
Ce n'est rien.
Ce n'est pas grave.

Vous voulez aider quelqu'un:

Je peux t'aider?
Je peux vous aider?
Si tu veux, je ...
Si vous voulez, je ...
S'il y a un problème, je ...

b Voilà trois situations:

1. Vous voulez prendre le train.
   Le bus que vous attendez pour aller à la gare n'arrive pas.
2. Avant l'émission: la star n'arrive pas.
3. Le sac perdu.

Travaillez en groupes.
Imaginez ces situations.
Faites des dialogues.
Jouez vos scènes.
Filmez-les avec une caméra vidéo.

LEÇON 8

A Le baiser

1 Un dimanche matin, devant une boulangerie-pâtisserie, à Concarneau, un port en Bretagne. Stefan, un jeune Autrichien de 14 ans, arrive en vélo avec Emilie, sa correspondante, chez qui il est en vacances. Ils viennent acheter des croissants et du pain frais pour le petit déjeuner.

2 *Ecoutez le dialogue.*
Quels mots est-ce que Stefan ne comprend pas? Qu'est-ce qu'ils veulent dire en allemand?

3 Ils entrent dans le magasin.

Stefan: Bonjour, madame. Une baguette et cinq croissants, s'il vous plaît.

La boulangère: Voilà. Et avec ça?

Stefan: Euh ... Emilie, tu veux peut-être un petit baiser?

Emilie (surprise): Un baiser?!!

La boulangère (qui s'amuse beaucoup): Dis donc, Emilie, est-ce qu'il est amoureux de toi?

Stefan (qui n'a pas compris, montre un plat dans la vitrine): Oui, Emilie, un de ces trucs-là! Ça s'appelle bien un baiser, non? Chez moi, en Autriche, on appelle ça comme ça ...

La boulangère: Ah, vous voulez dire une meringue! Mais Emilie préfère peut-être un baiser! ...

Emilie devient rouge comme une tomate.

8

A EXERCICES

1 A propos du texte

Lisez les parties 1 et 3 du texte A, puis répondez.

1. Qui est Stefan?
2. Pourquoi est-ce qu'il est à Concarneau?
3. Pourquoi est-ce qu'Emilie et Stefan vont à la boulangerie?
4. Emilie est surprise? Pourquoi?

2 Quand on ne connaît pas le mot … (I)

a On dit …

Tu es en France. Tu veux dire quelque chose, mais tu ne connais pas le mot. Alors, ne t'inquiète pas. Tu peux l'exprimer▽ par d'autres mots. Voilà quelques exemples:

Tu ne connais pas le mot pour	*Tu peux dire:*
«Schnee»	C'est quelque chose qui est blanc et qui tombe du ciel en hiver.
«Bäckerei»	Dans ce magasin, on peut acheter du pain et des croissants.
«Schaufenster»	C'est une sorte de fenêtre dans un magasin.
«aufstehen»	C'est le contraire de «se coucher».

Le mot «truc» est très pratique▽. Mais attention! C'est un mot familier. Tu peux montrer quelque chose et demander:

Ce truc-là, comment ça | se dit / s'appelle | en français?

b *Pour en savoir plus, lisez la page 86.*

c ☞ **A vous.** *Jouez en classe.*

Faites des groupes de deux élèves. Votre professeur donne à un élève de chaque groupe une liste identique▽ de cinq mots. Cet élève les explique par d'autres mots à son partenaire▽, qui doit alors les deviner (sans poser de questions). Combien de mots est-ce qu'il devine en deux minutes?
Continuez à jouer. Maintenant, le professeur donne une liste de mots à l'élève qui a deviné et c'est à cet élève de les expliquer.

3 Qui est-ce? *(§ 48)*

à / avec / chez } qui

Complétez, puis donnez la réponse.

1. Comment s'appelle la jeune créatrice de mode ~ Laurent a volé les idées?
2. Comment s'appelle le garçon ~ Nathalie veut jouer au volley?
3. Comment s'appelle la jeune Allemande ~ les Sorel louent une chambre?
4. Comment s'appelle la famille ~ la bande du volley fait une boum?
5. Comment s'appelle la jeune fille ~ Antoine Sorel présente l'émission «Découvertes»?
6. Comment s'appelle le voisin ~ Muriel et ses frères ont conduit le troupeau?

B Le café

Thorsten, qui vient de Rostock, passe ses vacances en France, dans les Vosges. Il est dans un camp de jeunes franco-allemand. Un jour, ils font une excursion à Strasbourg. Il en revient avec des cartes postales qu'il veut envoyer à ses amis. Au camp, Thorsten dit au moniteur français:

– J'ai acheté des cartes, mais j'ai oublié les timbres. C'est bête! Je n'y ai pas pensé.

Le moniteur: Si tu as seulement oublié les timbres, ce n'est pas grave. Je n'ai plus de cigarettes. Je vais en acheter au café. Viens avec moi. Comme ça, tu vas pouvoir acheter tes timbres.

Thorsten: Mais où?

Le moniteur: Eh bien, au café «Le Royal», bien sûr! C'est un café-tabac. On peut y acheter des timbres, des cartes postales, des télécartes …

Thorsten: Ah, ça, c'est pratique!

Le moniteur: Bon. On y va? Et je t'offre un coca, si tu veux.

Thorsten: Merci. Mais je préfère un gâteau. J'ai déjà très faim et le repas du soir est si tard ici!

Le moniteur: Alors là, pas de chance! Il n'y a pas de gâteaux au «Royal». Ce n'est pas un salon de thé! Mais je peux t'offrir un sandwich.

B EXERCICES

1 A propos du texte et du vocabulaire

Quelles sont les différences entre un «café» français et un «Café» allemand?

2 Thorsten pose des questions au moniteur. *(§ 50)*

a *Dans les réponses, employez* **y**.

1. – Quand est-ce qu'on va **à Strasbourg?** – On (– *aller* –) demain.
2. – On monte aussi **dans la tour de la cathédrale?** – Oui, on (– *monter* –) si vous voulez.
3. – On va **en ville** ce soir? – Non, on (– *aller* –), on reste au camp.
4. – Alors, tu penses **au film** que tu voulais nous montrer? – Oui, oui. Je (– *penser*).
5. – Tu as déjà travaillé **dans un camp de jeunes franco-allemand?** – Non, je (– *ne jamais travailler*). C'est la première fois.

b ☞ **A vous.** *Tu es déjà allé(e) en France? Quand? Où? Comment? Raconte.*

3 Dialogues au camp franco-allemand *(§§ 49, 50)*

a *Trouvez les réponses qui vont avec les questions.*

1. Tu sais que Gilles Floret donne un concert à Strasbourg?
2. Tu vas au Royal?
3. Vous allez à Colmar▽ demain?
4. Tu as déjà été au village?

a) Oui, j'en viens. Il est chouette, tu ne trouves pas?
b) Je sais. On en a parlé à la radio.
c) Non, j'en viens.
d) Je ne sais pas. Notre groupe n'en a pas encore discuté.

Strasbourg

b *Imaginez des questions qui vont avec ces réponses:*

1. Oui, j'y vais avec toi.
2. D'accord! On y va.
3. Non, je n'y suis jamais allé(e).
4. J'y pense sans arrêt.
5. Je n'en sais rien.
6. Il n'y en a plus.
7. Je n'aime pas en parler.
8. Mais j'en viens!

4 Mira pense à Clermont-Ferrand. *(§§ 49, 50)*

Mettez y *ou* en *à la place des expressions en italique.*

Exemple: Mira est rentrée à Dresde. Elle n'est plus à Clermont-Ferrand, mais elle pense encore souvent *à Clermont-Ferrand.* → mais elle y pense encore souvent.

Elle a appris beaucoup de choses à l'université, et elle a aussi trouvé beaucoup d'amis *à l'université*. Elle a même trouvé *des amis* qui veulent lui rendre visite à Dresde. A Clermont, elle a beaucoup aimé la cathédrale. Elle parle souvent *de la cathédrale* à son ami Holger qui est architecte. Bien sûr, elle ne va pas oublier la caverne de Ludo. Elle pense *à la caverne* quand elle voit la chambre de son petit frère Felix. Ses parents lui disent: «Si tu as envie de retourner à Clermont, va *à Clermont* pour les vacances d'été, l'année prochaine. Si tu veux, on peut même passer quelques jours *à Clermont* ensemble.»

5 Stefan et Emilie

Attention!

sie dorthin darüber ihn ihm ihnen ihr es → ? → le lui en la leur y les

Traduisez.

1. Stefan findet Emilie sympathisch. Man sieht sie oft zusammen.
2. Er ist sogar ein wenig verliebt. Aber er spricht nicht darüber.
3. Die Bretagne gefällt ihm.
4. Er fährt schon zum zweiten Mal dorthin.
5. Heute gehen Stefan und Emilie zum Hafen. Sie finden ihn toll.
6. Ein Mann zeigt ihnen sein Schiff.
7. Danach gehen sie in eine Bäckerei und Stefan kauft ihr ein Baiser.
8. Emilie nimmt es und lacht.

BLAGUE
"Un Français invite un Chinois à boire un verre. Le Français lève son verre :
– Chine-Chine !
Le Chinois répond :
– France-France."
Blague envoyée par Anne-Laure, Versailles (78)

6 Quand on ne connaît pas le mot ... (II)

Un Français emploie un mot que tu ne connais pas. Ce n'est pas grave. Il va t'aider à comprendre.

Jouez à deux. L'un de vous pense à un mot, il en parle, mais le remplace par «bip». L'autre élève pose des questions pour deviner le mot.

Exemple:
- C'était formidable au «bip» aujourd'hui.
- Le «bip», qu'est-ce que c'est? Je ne comprends pas.
- Le «bip», c'est là où je vais tous les jours. J'y apprends beaucoup de choses.
- Et il y a des professeurs qui y travaillent?
- Oui.
- Alors, le «bip», c'est le collège.
- C'est ça.

☞ ***A vous.***
Maintenant, c'est à l'autre élève de penser à un mot. (Il faut changer le dialogue de l'exemple, bien sûr.)

C Chez le médecin

1 Ulrike, 13 ans, et ses parents sont en vacances en Vendée. Ils viennent de Lucerne, en Suisse.
Une nuit, Ulrike se réveille malade: elle a mal au ventre, mal au cœur, envie de vomir. Elle appelle sa mère qui lui fait une tisane.
Le lendemain matin, elle ne va pas mieux. Elle a toujours mal au ventre et maintenant, elle vomit. Ulrike et sa mère doivent donc aller chez le médecin. Elles ont de la chance: le docteur Bernard les reçoit tout de suite.

2 Ulrike lui dit qu'elle a mal au ventre et elle essaie de lui faire comprendre avec des gestes qu'elle a vomi. Il l'examine et il lui demande:
- Avez-vous de la fièvre?
- Non.
- Qu'avez-vous mangé hier?
- Euh ... au déjeuner, il y avait de la mousse au chocolat comme dessert. J'en ai mangé beaucoup ...
- Et elle s'est baignée tout de suite après, ajoute la mère d'Ulrike.

3 Le docteur Bernard sourit:
- Ce n'est pas grave, madame. Elle a dû trop manger hier. Je lui donne des comprimés contre l'envie de vomir. Elle doit en prendre un le matin et un le soir. Ne lui donnez rien à manger aujourd'hui, mais elle doit boire beaucoup, de la tisane, par exemple. Voilà.
- Pouvez-vous nous donner une recette, docteur?
- Euh ... une recette de tisane? Je n'en connais pas. Demandez au pharmacien ...
- Non, non! Je veux dire: un papier avec le nom des médicaments.
- Ah! Une ordonnance? Bien sûr. La voilà, et voilà votre feuille de soins. Envoyez-les à votre assurance pour recevoir le remboursement.
- Merci, docteur. Y a-t-il une pharmacie dans le quartier?
- Oui, place de l'Eglise, à côté de la poste.
- Peut-on y aller à pied?
- Oui. C'est tout près d'ici. Prenez la deuxième rue à gauche en direction du pont.
- Ah, très bien! On y va tout de suite. Au revoir, docteur, et merci!
- Euh ... pardon, madame, vous me devez 120 francs ... Vous savez, en France, on paie la consultation tout de suite.
- Oh, excusez-moi, docteur!

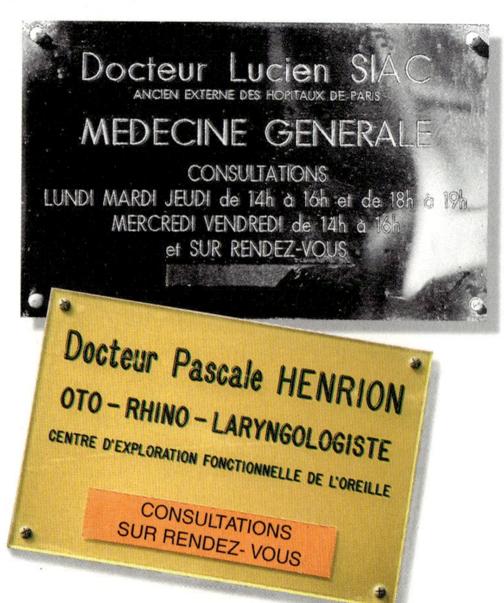

C EXERCICES

1 A propos du texte et du vocabulaire

1. Pourquoi est-ce qu'Ulrike et sa mère vont chez le médecin?
2. Comment est-ce qu'Ulrike essaie de faire comprendre au médecin qu'elle a vomi?
3. Pourquoi est-ce que le médecin ne comprend pas la mère d'Ulrike quand elle lui demande une recette?
4. Qu'est-ce qu'il faut savoir quand on va chez le médecin en France?

2 Quand on ne connaît pas le mot ... (III)

Quand tu ne connais pas un mot, tu peux aussi faire des gestes pour l'expliquer.

☞ **A vous.** *Jouez en classe.*
Un élève est face à la classe. Le professeur lui donne une carte. Sur cette carte, il y a un verbe allemand. L'élève fait des gestes pour l'expliquer. L'élève qui, le premier, trouve le verbe en français prend sa place, et le professeur lui donne une autre carte, etc.

3 Quand il y a des différences ...

La vie en France ressemble beaucoup à la vie en Allemagne, mais il y a aussi des différences.

☐ *Que pensez-vous de ces dessins?*

a Un Français explique à un Allemand

1. quand on «fait la bise» à quelqu'un,
2. quels sont les plats dans un repas français,
3. à quelle école vont les élèves de 11 à 15 ans.

b Maintenant, un Allemand explique à un Français

1. quand on boit du café et du thé en Allemagne,
2. quand on mange du pain en Allemagne,
3. quand on peut faire les courses en Allemagne.

Prenez le rôle du Français et de l'Allemand.

4 Un classement▽ du Tour de France *(§ 52)*

Regardez ce classement. Vous y trouvez des Français.

Le premier Français est arrivé huitième.
Le deuxième Français est arrivé douzième.
Le troisième ...
Continuez.

15e ETAPE

Villard de Lans – Serre Chevalier: 203 km
Lundi 4 juillet

1. Tony Rominger (SUI); 2. Alvaro Mejia (COL); 3. Miguel Indurain (ESP); 5. Zenon Jaskula (POL); Erik Breukink (HOL); 7. Oliviero Rincon (COL); 8. Richard Virenque (FRA); 9. Roberto Conti (ITA); 10. Javier Mauleon (ESP); 11. Antonio Martin (ESP); 12. Charles Mottet (FRA); 13. Pedro Delgado (ESP); 14. Thierry Claveyrolat (FRA); 15. Laudenio Cubino (ESP); 16. Thierry Bourguignon (FRA); 17. Miguel Ange Martinez (ESP); 18. Alex Zülle (SUI); 19. Bjarne Riis (DAN); 20. Laurent Fignon (FRA); 21. Gianni Bugno (ITA); 22. Laurent Pignon (FRA)

5 Situations (§§ 51, 53, 54)

devoir
recevoir
offrir

Que disent les gens?

1. Une dame boit une eau minérale dans un café, puis elle veut payer. Elle dit au garçon[▽]:
2. Un garçon et sa sœur sont chez un copain. Ils ont promis d'être à la maison à 22 heures. A 9 heures et demie, ils disent:
3. Un jeune Français attend à la gare son correspondant allemand qui n'arrive pas. Il pense:
4. C'est l'anniversaire d'une jeune fille. Ses copines réfléchissent:
5. Après son anniversaire, la jeune fille raconte:
6. Un monsieur est malade. Il raconte à son ami:
7. Les gens qui téléphonent au médecin le lendemain n'ont pas cette chance. On leur répond:

Hier, je *(devoir)* aller chez le médecin. J'ai eu de la chance. Il me *(recevoir)* tout de suite.

Qu'est-ce qu'on lui *(offrir)*?

Il *(devoir)* manquer son train.

Nous ne *(recevoir)* personne aujourd'hui. Le docteur est malade.

Combien je vous *(devoir)*?

Nous *(devoir)* rentrer.

Mes copines me *(offrir)* une souris. Ce n'était pas une bonne idée.

6 Un questionnaire[▽] (§ 55)

☞ ***A vous.***

Pour mieux connaître votre professeur de français, préparez un questionnaire.
Vous pouvez travailler en groupes.
Voilà quelques idées pour vous aider à poser vos questions:

Attention! Dans un questionnaire, on emploie l'interrogation par inversion.

Idées:
- Pourquoi est-ce qu'elle/il est devenu(e) professeur de français?
- Qu'est-ce qu'elle/il pense de notre collège?
- Elle/Il lit quel livre en ce moment?
- Elle/Il aime quelle musique?
- Elle/Il a quels hobbys?
- Où est-ce qu'elle/il est né(e)?

Questionnaire:
- Pourquoi êtes-vous devenu(e) professeur de français?
- Que pensez-vous de notre collège?
- …

Continuez.

7 ILÈOU

a *Lisez l'histoire de Gaston et de son collègue.*

b *Répondez aux questions.* *Quelques mots pour vous aider:* **se refermer:** zuschnappen (einer Falle); **un doigt:** ein Finger; **se venger:** sich rächen.

1. Où est Gaston? Que cherche-t-il? Que demande-t-il à son collègue?
2. Le collègue n'est pas content. Pourquoi? Que faut-il dire, à son avis?
3. Où va le collègue ensuite?
4. Qu'est-ce qui se trouve sur la table? Pourquoi est-ce que ça fait «CLAP»?
5. Le collègue crie «OAOUUWAÏÏE». Pourquoi?
6. Qui arrive et prend le piège? Pourquoi dit-il à son collègue de faire une phrase correcte▿?

c *Racontez l'histoire.*

1

2

3

4

5

6

Vocabulaire:

1. **un piège à souris** [ɛ̃pjɛʒasuri]: eine Mausefalle
2. **le langage:** die Sprache
3. **au moins:** wenigstens
4. **Que diable!:** Zum Teufel (auch)!

Stratégies

Quand on ne connaît pas le mot . . .

Wenn du mit Franzosen sprichst, wird es Situationen geben, in denen dir einfach „die Worte fehlen". Das ist kein Grund, das Gespräch abzubrechen. Du kannst dich z. B. durch Gestik, Mimik oder Geräusche verständlich machen. Das ist recht einfach, durchaus wirkungsvoll und meist lustig. Dein Sprachvermögen kannst du allerdings eher trainieren, wenn du einen der folgenden Tricks anwendest. Die meisten davon sind dir schon in der Lektion 8 begegnet.

Trick 1 **Umschreibung** Versuche das gesuchte Wort zu **umschreiben**.

On fait ça quand on dit quelque chose qui n'est pas vrai. (= mentir)

C'est le bâtiment où un agriculteur met ses bêtes. (= l'étable)

On est comme ça quand on n'a jamais envie de travailler. (= paresseux)

Trick 2 **Definition** Erläutere das gesuchte Wort mithilfe eines anderen Wortes, das eine **allgemeinere Bedeutung** hat.

C'est un **magasin** où on achète du poisson. (= une poissonnerie)

magasin
poissonnerie — boulangerie — épicerie

Hier kann auch ein „Allerweltswort" gute Dienste leisten, das Franzosen in solchen Situationen gern benutzen.

On marche avec ces **trucs** quand on a une jambe dans le plâtre. (= des béquilles)

Statt ***un truc*** hörst du in Frankreich auch häufig ***un machin*** [ɛ̃maʃɛ̃]. Achtung: Beide Wörter sind umgangssprachlich.

Trick 3 **Antonym** (Gegensatz) Du kennst vielleicht ein Wort **mit entgegengesetzter Bedeutung**:

C'est le contraire de «partir». (= arriver)
. . . «blanc». (= noir)
. . . «la nuit». (= le jour)

Wenn du gar nicht mehr weiterkommst, kannst du vielleicht auf eine andere Sprache ausweichen. Das ist immer noch besser, als das Gespräch abzubrechen. Du kannst z. B. in deinem französischen Satz das dir bekannte englische Wort einfügen.

LEÇON 9

A Vive les vacances . . .

1 Une voiture et une remorque: aujourd'hui, les Costa partent en vacances. C'est madame qui est au volant. C'est monsieur qui s'occupe des enfants ... et des animaux. Des animaux? Oui. Un chien, un lapin et deux hamsters font aussi le voyage de Clermont-Ferrand à Hossegor, sur la côte atlantique.
Le chien, Pitou, est à toute la famille, et il dort aux pieds de monsieur Costa.
Le lapin, qui appartient à Fabienne, va et vient dans sa petite maison.
Paul et Paule, les hamsters de Stéphane, ont aussi leurs cages. Ça fait donc trois cages dans la voiture. Mais comme Stéphane n'est pas là (il est à Bâle, chez son correspondant), c'est Fabienne qui a accepté de s'occuper des deux hamsters de son frère. Elle a accepté, c'est vrai, mais Stéphane a dû lui donner tout son argent de poche du mois de juillet.
Benoît, le petit frère, n'a pas d'animal, lui, et il n'a pas beaucoup de place non plus.

Benoît: Je n'ai pas de place, moi.
Fabienne: Mais si, tu en as!
Benoît: Menteuse! Papa, c'est encore moi qui n'ai pas assez de place. Ce n'est pas juste!
M. Costa: Vous m'énervez. Arrêtez de vous disputer!
Benoît: C'est elle qui a commencé! Et puis moi, de toute façon, je n'aime pas les hamsters, je n'aime pas les lapins. C'est Pitou que je préfère. Dis, papa, est-ce que le chien peut venir derrière?

2 Enfin, après des heures et des heures de voyage, les Costa arrivent au camping d'Hossegor. Ils ont eu des kilomètres de bouchons parce que, comme des millions de Français, ils ont pris la route le 1er août. Ce soir, ils sont donc fatigués, mais contents: les vacances commencent!

Hossegor

3 Hossegor est une jolie petite station au bord de la mer, avec un port, un lac, une forêt de pins. Les Costa y ont leurs habitudes. Les parents, eux, aiment se promener, se baigner et faire des excursions dans la région. Avec leurs amis du camping, des gens amusants qu'ils retrouvent chaque année, ils jouent à la pelote basque. Enfin, ils essaient. Parce que la balle va si vite ..., «trop vite pour vous», pense Fabienne. Elle, elle préfère aller à la plage avec son frère. Ils passent leur journée dans l'eau, ou presque. Benoît est à l'«Atlanticlub» où il fait des jeux et où il apprend beaucoup de choses intéressantes sur la mer, et Fabienne prend des leçons de surf.

4 Sous les pins, devant la tente, les Costa mangent une glace et bavardent.

M. Costa: Alors, ça y est, Fabienne, tu sais faire du surf maintenant?
Fabienne: Et vous, la pelote basque, ça avance?
Mme Costa: On joue comme on peut ...
Fabienne: Elle court, la petite balle ... et vous aussi! C'est bon pour la santé, hein?
Mme Costa: Je crois que notre fille se moque de nous.
M. Costa: Et alors, le surf?
Fabienne: C'est un sport super, mais très difficile.
Mme Costa: C'est comme la pelote basque.
Fabienne: Pff! On ne peut pas comparer.

A EXERCICES

1 *Pour préparer un jeu de rôles*▽*...* (§ 56)

moi	nous
toi	vous
lui/elle	eux/elles

Pendant un cours de français, les élèves veulent jouer les scènes des leçons 8 et 9 A.

Pour la leçon 8, c'est Vanessa qui distribue▽ les rôles.
Complétez.

- Dans «Le baiser», Kevin et ~, nous jouons Stefan et Emilie.
  Christian, ~, joue le monsieur sur la mobylette.
  Nicole, ~, fait la boulangère.
  Dans «Le café», ~, Boris et Fabian, vous prenez les rôles de Thorsten et du moniteur.
  Dans «Chez le médecin», Caroline et Isabelle, ~, jouent Ulrike et sa mère.
  ~, Thomas, tu fais le docteur Bernard.

Pour la leçon 9 A, c'est Christine qui distribue les rôles:

- Dans «Vive les vacances», ~, Ralf et moi, nous jouons les rôles de Benoît et de Fabienne.
  Yvonne et Frank, ~, font les parents.

☐ 2 *Faites un sketch*▽*.*

Titre du sketch: Le départ▽ en vacances.
Situation: Le 1er août, une famille française part en vacances.

Faites des groupes, imaginez le texte, distribuez les rôles, puis jouez votre sketch.

3 *A propos du texte*

a *Lisez les parties 2 à 4 du texte A, puis répondez.*

1. Pourquoi est-ce que les Costa sont fatigués quand ils arrivent à Hossegor?
2. Comment est-ce que les Costa passent leur temps à Hossegor?
3. Pourquoi est-ce que Mme Costa dit: «Je crois que notre fille se moque de nous»?

b *Notez toutes les informations que le texte donne sur Hossegor, puis décrivez cette ville.*

Où se trouve-t-elle?
Qu'y a-t-il dans cette ville?
Que peut-on y faire?

4 C'est trop difficile pour lui! *(§ 56)*

Mettez **moi, toi, lui, elle, nous, vous, eux, elles** *à la place des expressions en italique.*

Fabienne: Ecoute, papa, tu n'as pas envie de faire du surf avec *(Fabienne)*? Tu peux venir avec *(Fabienne et ses amies)*, mes amies n'ont rien contre.

M. Costa: Je crois que tu te moques de *(M. Costa)*. Hier, tu as dit à Benoît: «Papa et le surf? Oh non, c'est trop difficile pour *(papa)*!» Et je suis d'accord avec *(Fabienne)*. Va avec tes amies. Avec *(tes amies)*, tu vas bien t'amuser. Maman et moi, nous allons mieux nous amuser sans *(Fabienne et ses amies)*. Nous préférons rester avec nos amis et jouer à la pelote avec *(nos amis)*. J'adore me moquer de maman quand la balle va trop vite pour *(maman)*!

Fabienne: Et toi, tu te prends pour un champion?

5 C'est encore nous qui … *(§ 57)*

a Fabienne et Benoît ne sont pas contents. Pendant les vacances, leurs parents leur demandent toujours de faire les courses. Fabienne et Benoît disent: «C'est encore **nous** qui **faisons** les courses!»

En plus, ils doivent toujours … ranger la tente, préparer les repas, s'occuper des hamsters, … Qu'est-ce qu'ils disent? *Commencez par* «C'est encore nous qui …»

b ☞ ***A vous.***
Qu'est-ce que tu dis quand c'est toujours toi qui dois faire quelque chose? Commence par «C'est encore moi qui …»

6 Quand on n'est pas sûr … *(§ 57)*

c'est/ce sont … qui
c'est/ce sont … que

Vous n'êtes pas sûrs d'avoir compris une information.
Alors, posez une question avec **C'est/Ce sont bien … qui/que.**

Exemples:

Information:	*Les Costa* partent en vacances.
Question:	**Ce sont** bien les Costa **qui** partent en vacances?
Information:	Benoît n'aime pas *les hamsters*.
Question:	**Ce sont** bien les hamsters **que** Benoît n'aime pas?
Information:	Les Costa habitent *à Clermont-Ferrand*.
Question:	**C'est** bien **à** Clermont-Ferrand **que** les Costa habitent?

Maintenant, posez les questions:

1. Les Costa vont *à Hossegor*.
2. *Benoît et Fabienne* accompagnent leurs parents.
3. Fabienne met *trois cages* dans la voiture.
4. *Mme Costa* est au volant.
5. Pitou dort *aux pieds de M. Costa*.
6. Le lapin appartient *à Fabienne*.
7. Benoît préfère *Pitou*.
8. Benoît se dispute *avec sa sœur*.
9. Les enfants énervent *M. Costa*.
10. Le correspondant de Stéphane habite *à Bâle*.

7 «Savoir» n'est pas «pouvoir». (§ 58)

Benoît demande à un garçon du camping s'il sait faire du surf. Il sait en faire, mais il n'a pas envie d'en faire en ce moment. Alors, il trouve une excuse▽.

– Tu sais faire du surf?
– Oui, mais en ce moment, je ne peux pas, j'ai mal aux jambes.

Imaginez des dialogues.

Tu sais ...
– jouer au tennis?
– jouer du piano?
– faire du skateboard?
– jouer aux dominos?
– ...

8 Tu t'occupes de mes hamsters?

a On dit ...

Tu demandes à une copine/un copain de faire quelque chose pour toi:

– Tu fais ça pour moi, d'accord?
– Si tu le fais, je ...
– S'il te plaît, fais-le.
– Pourquoi est-ce que tu ne veux pas le faire?
– Tu ne le fais pas? C'est ton dernier mot?
– Tu n'es pas gentil(le)!
– Tu es bête!

Ta copine/Ton copain n'est pas d'accord.

– Je n'aime pas ...
– Ça ne me plaît pas de ...
– Je n'ai pas envie de ...
– Pourquoi est-ce que c'est toujours à moi que tu demandes de ...
– Tu m'énerves avec ...
– Mais pour qui tu te prends?
– J'en ai assez de ...

b Stéphane a d'abord demandé à Benoît de s'occuper de ses hamsters. Mais Benoît n'a pas été d'accord.
Imaginez le dialogue entre les deux frères. Vous pouvez travailler en groupes.

⟨D'un texte à l'autre⟩

Julie et ses copines

Véronique est	**plus**	**grande**	**qu'**	Emilie.
Julie est	**aussi**	**grande**	**que**	Véronique.
Julie et Véronique sont	**moins**	**grandes**	**que**	Muriel.

a *Réfléchissez.*

Quelle est la fille **la plus grande?**
Quelle est la fille **la moins grande?**

b *Expliquez les degrés de l'adjectif.*

9

B Le journal de Fabienne

Pendant ses vacances, Fabienne a tenu un journal de voyage. Après son retour à Clermont, elle y a ajouté des photos.

1 6 août
J'aime beaucoup la plage, les vagues, les grandes promenades au bord de la mer … et bien sûr, le surf. J'adore ça. Me laisser emporter par une vague jusqu'à la plage, à toute vitesse, c'est plus beau que … (je ne sais pas quoi dire, je ne sais pas à quoi comparer ça), c'est plus beau que tout, voilà! Mais il faut dire que je n'y arrive pas souvent. Ce sport est plus difficile et aussi plus dangereux que la pelote basque (si, si, mes chers parents). Mais les moniteurs sont là pour nous aider quand il y a des problèmes. Les CRS aussi. Eux, ils surveillent la plage. Ça rassure nos parents, surtout parce que Benoît, qui est moins bon nageur que moi, ne pense pas assez au danger.

2 9 août
Hossegor! C'est vrai que c'est chouette, ici, mais quel monde! Hier, pour aller du camping jusqu'au supermarché, donc pour faire cinq, six kilomètres, on a mis presque une heure et demie en voiture. Maintenant, on fait les courses à pied ou en vélo!

3 11 août
Papa a raison: la pelote basque demande beaucoup d'adresse. Et c'est un sport auss sympa que le surf, ou presque … Ce week-end, on est allés à Biarritz voir le championnats du monde: quel spectacle! Dix mille personnes étaient venues de tou le Pays Basque. Ce sont des Espagnols q ont gagné.

Un joueur lance[1] une petite balle, la «pelote», contre un mur. Les joueurs de l'autre équipe doivent attraper[2] la pelote. Pour la lancer et l'attraper, ils se servent[3] d'une sorte de raquette[4] qu'on appelle un chistera[5].

4 17 août
A Dax, la «feria», c'est la plus grande fête de l'été. On y est allés le 15 août. D'abord, nous avons vu une «course landaise», un spectacle très amusant. Les vaches courent dans l'arène et des jeunes gens du pays font des démonstrations de sauts. C'était génial! On a vu les meilleurs sauteurs de la région. L'ambiance était formidable, mais tout à coup ... on a perdu Benoît. Quelle panique! On a cru, un moment, qu'il était dans l'arène, avec les vaches ..., puis on l'a retrouvé devant un stand. Il avait acheté une glace! Ouf! Après, il y avait une corrida, mais on n'a pas voulu y aller parce qu'on y tue les taureaux. Je ne comprends pas pourquoi les gens aiment voir ça.

5 20 août
Aujourd'hui, Benoît n'a pas voulu venir avec nous. Un écomusée, ça ne l'intéresse pas. Il est resté avec ses copains du club. A l'écomusée, nous avons visité les bâtiments d'une vieille ferme landaise, une ferme comme il y en avait à la fin du XIXe siècle. Maintenant, je sais tout sur la vie des paysans à cette époque! A propos, j'ai pris en photo un spectacle de danse très original.

Pour les touristes, des gens du pays dansent sur des échasses[6]. C'est comme ça, sur des échasses, que les bergers[7] landais gardaient leurs moutons[8] dans une région autrefois pleine de marécages[9]. Aujourd'hui, à la place des marécages, il y a des grandes forêts de pins.

C'est comme ça qu'on récolte[10] la résine[11] du pin.

1. **lancer:** werfen; 2. **attraper:** fangen; 3. **se servir** [sɛrvir] (de qc): sich (einer Sache) bedienen; 4. **une raquette** [rakɛt]: ein Schläger; 5. **un chistera** [ʃistera]; 6. **une échasse:** eine Stelze; 7. **un berger** [bɛrʒe]: ein Schäfer; 8. **un mouton:** ein Schaf; 9. **un marécage:** ein Sumpf; 10. **récolter:** ernten; 11. **la résine:** das Harz

9

B EXERCICES

1 Pendant les vacances *(§ 59)*

Regardez les deux dessins.
Complétez les questions, puis répondez-y.

(Quelques mots pour vous aider:
un dictionnaire: ein Wörterbuch;
une machine à coudre: eine Nähmaschine.)

A qui? **De quoi?** **Pourquoi?**
Qu'est-ce que? **Dans quoi?**

1. ~ s'adresse le monsieur avec les lunettes?
2. ~ regardent les deux messieurs?
3. ~ parlent-ils?
4. ~ le deuxième monsieur apporte?
5. A votre avis, ~ fait-il cela?

2 A propos du texte

a *Travaillez à deux. Relisez d'abord le texte 8 B. Puis, chaque élève écrit trois questions sur ce texte. Elle/Il les donne à sa/son partenaire, qui y répond par écrit. Ensuite, vous corrigez à deux vos questions et vos réponses.*

b *Faites deux groupes dans votre classe. Une/Un élève d'un des deux groupes commence: elle/il appelle une/un autre élève du deuxième groupe et lui pose une question. L'autre élève donne la réponse et continue. Pour chaque question ou réponse correcte, le groupe marque un point. Attention! Il ne faut pas répéter des questions que l'autre groupe a déjà posées.*

Est-ce que ...?
Qui/Qui est-ce qui ...?
Qui est-ce que ...?
Que/Qu'est-ce que ...?
Qu'est-ce qui ...?
Quel(s)/Quelle(s) ...?
Où ...?
Quand ...?
Comment ...?
Pourquoi ...?
Préposition + qui ...?
Préposition + quoi ...?

3 A propos du vocabulaire

Formation des mots

a *Trouvez un adjectif de la même famille.*

Exemple: le sport → sportif/sportive

un/une jeune — la bêtise — une faute — le danger — la France — l'Allemagne

b *Voilà des noms que tu ne connais pas. Mais tu connais les adjectifs de la même famille. Note ces adjectifs et emploie-les dans une phrase.*

l'amour *(m.)* — l'ennui *(m.)* — la force — la beauté — la difficulté — la fraîcheur — la longueur — la jeunesse — la tristesse — la vieillesse — la paresse — la maladie — la sympathie

4 Comparons. *(§ 60)*

a *Regardez la carte, puis comparez*

- la France et l'Allemagne,
- la Seine et le Rhin,
- la Loire et l'Elbe *(f.)*,
- le Mont-Blanc et le Zugspitze,
- Paris et Berlin.

Employez les adjectifs
grand/grande, long/longue, haut/haute▽ *avec*
plus ... que, moins ... que, presque aussi ... que.

b ☞ ***A vous.***
Ta correspondante française/Ton correspondant français te pose des questions sur l'Allemagne.

Faites des dialogues.

Exemples: – Quelle est **la plus grande ville** d'Allemagne?
– Quel est **le port le plus important** d'Allemagne?

– C'est ...
– Je crois que c'est ...
– A mon avis, c'est ...
– Je ne sais pas.

1. grand/ville
2. port/important
3. long/fleuve▽
4. haut/montagne
5. bon/chanteuse de rock
6. bon/acteur de cinéma
7. ...

5 Qu'est-ce que vous préférez? *(§ 60)*

meilleur(e) ... que
moins bon(ne) ... que
aussi bon(ne) ... que

Faites des dialogues.

Exemple: – Je trouve que la glace au chocolat est ~ que la glace à la vanille. Et toi?
– Je la trouve ...

sandwich au jambon/
sandwich au fromage

tarte aux fraises/
tarte aux pommes

spaghettis/
frites

6 Pour ou contre?

☞ ***A vous.*** *Trouvez des arguments▽ pour et contre. Travaillez en groupes.*

1. Passer les grandes vacances avec les parents ou avec d'autres jeunes
2. Passer les grandes vacances à la mer, en montagne, à la campagne ou dans une grande ville
3. Passer les grandes vacances sur un terrain de camping, à l'hôtel ou dans un appartement/une maison que vous avez loué(e)

9 EXERCICES

7 Fabienne raconte. *(§ 61)*

Fabienne écrit à une copine. Elle raconte:

Mettez les verbes au passé composé, à l'imparfait ou au plus-que-parfait.

La semaine dernière, papa, maman, Benoît et moi, nous *(aller)* à la Feria de Dax. On *(voir)* une course landaise. Ce *(être)* génial! A côté de moi, il y *(avoir)* deux étudiantes suisses. Elles me *(raconter)* quelque chose d'intéressant: Elles *(partir)* de chez elles, **deux semaines avant**. Elles *(faire)* déjà toute la France, mais elles *(ne pas encore passer)* une seule nuit à l'hôtel. En Suisse, elles *(s'acheter)* un ticket «Inter Rail» et elles *(passer)* toutes les nuits dans le train!

8 Faites l'interprète.

C'est le mois d'août. Tes parents, ta petite sœur et toi, vous faites un voyage en France. Vous vous arrêtez dans une ville pour chercher un hôtel. Ta mère et toi, vous allez à l'office du tourisme. Tu fais l'interprète.

Toi: Bonjour, monsieur. Nous cherchons un hôtel pour une nuit. Nous sommes quatre personnes.

Le monsieur: Oh, c'est difficile! Nous sommes en pleine saison. Voyons ... Au centre-ville, il reste encore deux chambres à l'Hôtel Concorde. Ce sont des chambres avec salle de bains. Elles coûtent 550 F.

Tu traduis à ta mère: ...

Ta mère: Das ist viel zu teuer. Frag mal, ob er auch billigere Zimmer hat.

Toi: ...

Le monsieur: Non, au centre-ville, tous les autres hôtels sont complets.
Mais il reste encore deux chambres au «Vieux Moulin». C'est à 20 km d'ici. Il y a une chambre à 400 F avec douche et W.-C. et une autre, plus petite, à 200 F avec cabinet de toilette.

Toi: ...

Ta mère: Das geht schon eher. Aber warum ist das Zimmer mit „Kabinett-Toilette" billiger? Was ist denn das? Frag mal.

Toi: ...

Le monsieur: Dans un cabinet de toilette, il y a seulement un lavabo. Les W.-C. et la douche sont à l'étage.

Toi: Un lavabo, qu'est-ce que c'est?

Le monsieur: C'est pour se laver les mains.

Toi: ...

Ta mère: Sag, daß wir die Zimmer nehmen. Und laß dir noch einen Plan geben.

Toi: ...

Le monsieur: Très bien. Il y a encore une chose: au «Vieux Moulin», il faut prendre le dîner au restaurant de l'hôtel.

Toi: ...

Ta mère: Auch das noch. Na, das wird ja ganz schön teuer werden. Das nächste Mal reservieren wir besser vorher. Sag, daß wir einverstanden sind.

Toi: ...

Le monsieur: Bien. C'est à quel nom?

Toi: ...

Le monsieur: Et voilà le plan. C'est facile à trouver. Bonne soirée et bon appétit!

NOM		**PRIX**					
Adresse	**Téléphone**	**Cabinet de toilette**		**Douche/WC**		**Salle de bains/WC**	
		1 pers.	**2 pers.**	**1 pers.**	**2 pers.**	**1 pers.**	**2 pers.**
CONCORDE 42, rue de France	01 64 22 20 21	–	–	390	430	500	550
VICTORIA 5, rue du Parc	01 64 22 23 33	–	–	280	300	350	380
VIEUX MOULIN 77810 – Thomery	01 60 96 44 77	180	200	370	400	420	460

Tu viens de loin

Le monde est fou, c'est pas la joie
Heureusement, il y a toi
T'as fait du chemin, tu viens de loin
Loin d'ton soleil, me faire du bien.

Loin des frontières, des bruits de guerre
Ton beau pays, tu l'as quitté
J'ai embrassé, mon étrangère
Tes rêves, tes joies, ta vie passée.

(refrain)
Et reste là, avec moi
Pour danser sur ma musique
Et reste là, avec moi
Apprends-la-moi, ta musique!

Loin des frontières, des bruits de guerre
Une nouvelle vie va commencer
Le monde est fou, on va l'changer.
Je t'aime, tu m'aimes, chantons notre air!

(refrain)
Et reste là, avec moi . . .

Paroles et musique de Gilles Floret

Il pleut Il pleut
Il fait beau
Il fait du soleil
Il est tôt
Il se fait tard
Il
Il
Il
Toujours Il
Toujours Il qui pleut et qui neige
Toujours Il qui fait du soleil
Toujours Il
Pourquoi pas Elle
Jamais Elle
Pourtant Elle aussi
souvent se fait belle!

Jacques Prévert, Spectacle
(Extrait de «Refrains enfantins») © *Hachette*

⟨Chansons et poèmes⟩

L'enfant au walkman

Il ne sait même pas compter
Jusqu'à trois, mais il connaît
Les noms de tous les groupes anglais
L'enfant au walkman.

Pas besoin d'aller à l'école
Pour vivre comme ses idoles
Il ferme les yeux et il s'envole
L'enfant au walkman.

On dirait qu'il plane
L'enfant au walkman
Ciel de cellophane.

Il ne nous voit pas, il plane
Attend-il dans les décibels
Les ondes d'un monde parallèle
Qui lui ressemble et qui l'appelle?

Il ne nous voit pas
Il plane, il plane.
Il voit la vie en vidéo
Et dans sa tête, c'est bien plus beau
Que dans tous les livres d'histoire
Où les héros
Sont tristes à voir.

Quand on lui parle d'avenir
Il nous répond par un sourire
Pour dire qu'il ne veut pas grandir
L'enfant au walkman
Ciel de cellophane.
Il ne nous voit pas, il plane, il plane ...

Paroles de Luc Plamondon
Musique de Julien Clerc et Jean Roussel

Confusion

Laissez-moi ma vie, laissez-moi mes nuits
Laissez-moi mes folies, laissez-moi mes musiques
Laissez-moi mon corps, laissez-moi mes «j'adore»
Laissez-moi mes rêves, laissez-moi mes lèvres
Laissez-moi ma solitude, laissez-moi ma lassitude
Laissez-moi mes désespoirs, laissez-moi mes «j'en ai marre»
Laissez-moi mes petits coins d'âme, laissez-moi mes chagrins et mes larmes
Laissez-moi mes entêtements, laissez-moi mes sentiments
Laissez-moi mes désirs, laissez-moi mes envies.

Laissez ma plume qui court et qui brûle
D'envie de vous crier «Laissez-moi!»
Je veux être seule pour vivre tout ce que j'ai dans la peau.
Je ne sais pas très bien ce qu'il y a dedans
Mais je sais que c'est vraiment présent.

Sylvie
Extrait de «Adolescence en poésie»

LEÇON 1

Pub radiophonique[1]

a *Ecoutez, puis répondez à la question.*

Pour quel produit[2] est-ce qu'on fait cette publicité?

b *Lisez d'abord les questions, puis écoutez encore une fois.*

1. Combien de personnes parlent dans cette publicité?
2. Quel est le slogan[3] de la marque?

c *Faites une grille dans votre cahier.*

	Quel est son nom?	Où est-ce qu'elle est?	Pourquoi est-ce qu'elle aime le produit?
Personne n° 1			
...			

Maintenant, écoutez et remplissez la grille.

d *Faites une pub radiophonique pour une marque de vélo.*

1. **une pub(licité) radiophonique:** eine Radiowerbung; 2. **un produit:** ein Produkt;
3. **un slogan** [ɛ̃slɔgɑ̃]: ein Werbespruch/Slogan

LEÇON 3

Allô? C'est Markus Bauer.

a *Avant l'écoute:* Dans le texte que vous allez entendre, une personne épelle un mot et explique le chemin à quelqu'un. Pour vous préparer à l'écoute,

1. épelez votre nom,
2. écrivez au tableau les expressions qu'on emploie pour expliquer le chemin à quelqu'un,
3. regardez le plan du métro (page 100) et dites comment on fait pour aller de la gare du Nord à Versailles.

b *Ecoutez, puis répondez à la question.* Qui téléphone à qui et pourquoi?

c *Lisez d'abord les questions, puis écoutez encore une fois. Prenez des notes.*

1. Pourquoi est-ce que Markus va à Paris?
2. Pourquoi est-ce que M. Marceau n'est pas à la gare?
3. Où est-ce que les enfants ont mal?
4. A la gare de Versailles, est-ce que Markus va tourner à gauche ou à droite?

d *Ecoutez une troisième fois. Puis, dites comment Markus va aller de la gare du Nord à Versailles.*

e Markus dit: «Alors, à tout à l'heure!» *Traduisez cette expression en allemand.*

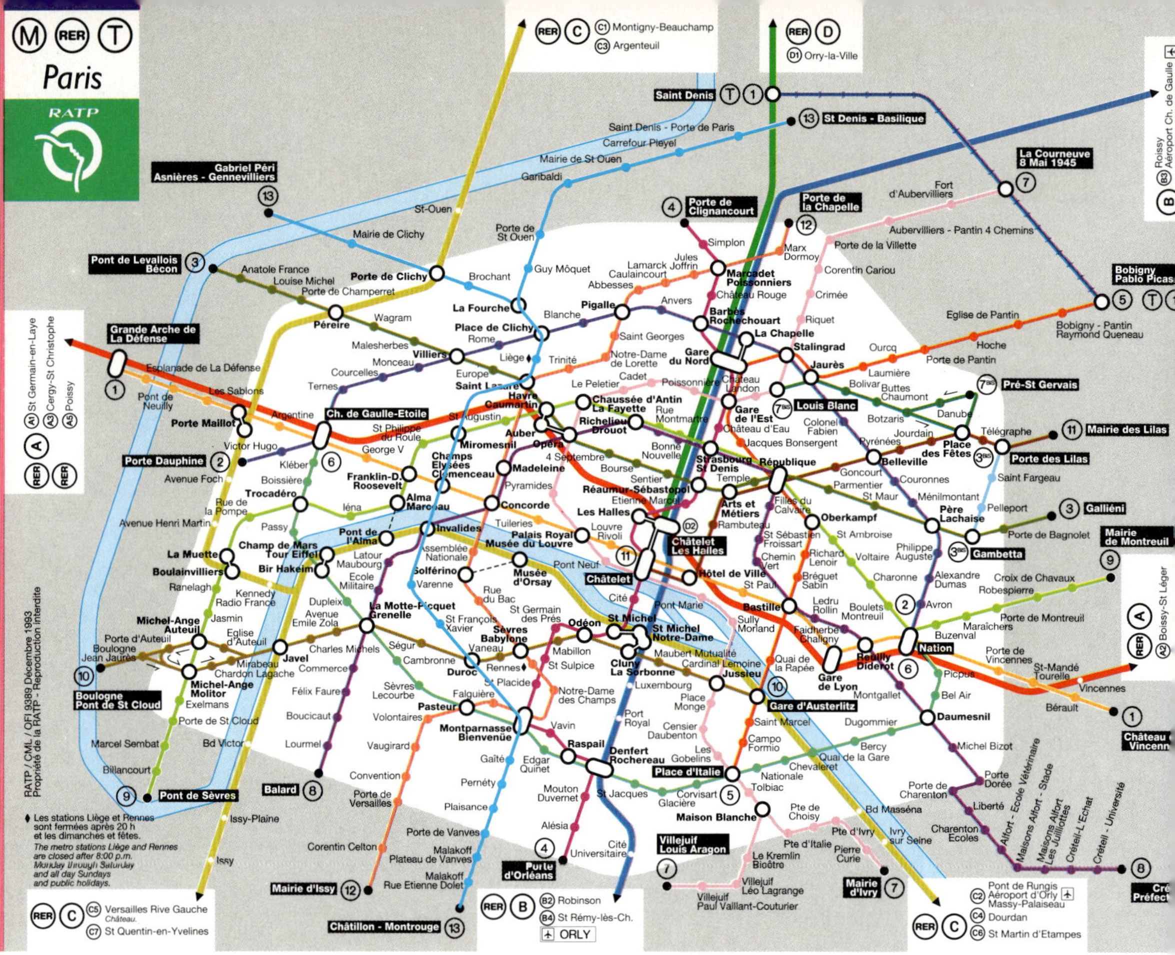

LEÇON 6

La météo[1]

a *Avant l'écoute:*

1. *Regardez la carte météo du journal*[2] *France-Soir*[3]*, puis jouez à deux.*
   Exemple:
   – Où est-ce qu'il pleut et fait 3 degrés?
   – C'est à Rennes, à Lille et à Rouen.

Il fait beau/mauvais. Il pleut.
Il neige. Il y a du soleil.
Il y a des nuages.
Il y a du brouillard[4]. Il fait ... degrés.

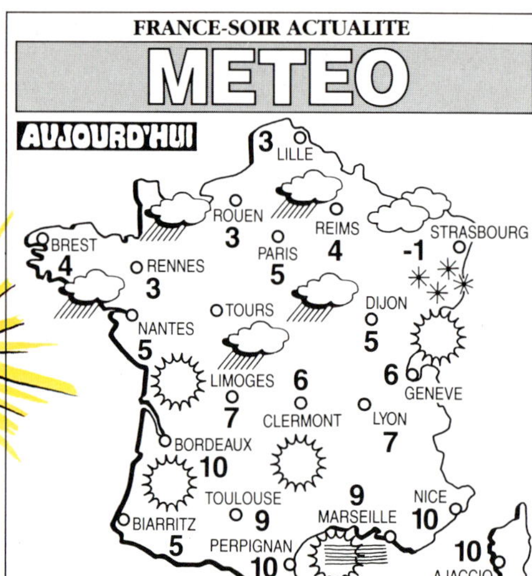

2. *A votre avis, c'est une carte météo de quelle saison? Dites pourquoi.*

---

1. **la météo:** der Wetterbericht; 2. **un journal:** eine Zeitung; 3. **France-Soir:** französische Abendzeitung; 4. **le brouillard** [ləbrujar]: der Nebel; 5. **un bulletin météo(rologique):** eine Wettervorhersage

Premier bulletin météo[5]

b Jeudi: Un monsieur veut aller en voiture de Clermont-Ferrand à Super-Besse qui est à 1350 m d'altitude. Il veut partir dans l'après-midi.
Mais il ne prend jamais la voiture quand il y a de la neige.
Ecoutez la première météo, puis dites si le monsieur va partir ou pas.

c *Lisez d'abord les questions, puis écoutez le premier bulletin météo encore une fois. Prenez des notes.*

1. C'est la météo pour quel jour?
2. Quelle température est-ce qu'il va faire le matin?
3. Qu'est-ce qui va arriver dans l'après-midi?

Deuxième bulletin météo

d *Ecoutez maintenant le deuxième bulletin météo.*
C'est un bulletin météo de radio RTL.
On parle très vite et il y a beaucoup de mots que vous ne connaissez pas encore.
Ce n'est pas grave: vous voulez seulement savoir quelle température il va faire à Lyon.
Alors, écoutez et dites cette température.

LEÇON 7

Le jean
(Première partie)

Vous allez écouter la première partie d'une histoire.
La deuxième partie se trouve à la leçon 8.

a *Avant l'écoute: Expliquez les mots soulignés.*

- J'arrive du stade où on a joué au foot.
- Je jette mon sac sur le sofa.
- Le jean est trop serré: il va craquer.
- Quand on fait les courses au supermarché, on met tout dans un chariot.

b *Lisez d'abord les questions, puis écoutez.*

1. Quelles personnes jouent dans cette scène?
2. Où est-ce qu'elles sont au début?
3. Où est-ce qu'elles vont ensuite? Pourquoi?

⟨ EN PLUS ⟩ Ecouter et comprendre

LEÇON 8

Le jean *(Deuxième partie)*

a *Ecoutez la première partie de l'histoire encore une fois.*

b *Dans votre* ***Cahier d'activités****, il y a des questions sur le texte.*
Ecoutez la deuxième partie de l'histoire et répondez à ces questions.

c *Ecoutez la deuxième partie encore une fois.* Qu'est-ce qui s'y passe? *Racontez.*

d *Imaginez la fin de l'histoire.*

LEÇON 9

a *Avant l'écoute:*

A quels autres mots et expressions pensez-vous quand vous entendez l'expression «un bouchon sur l'autoroute[1]»?

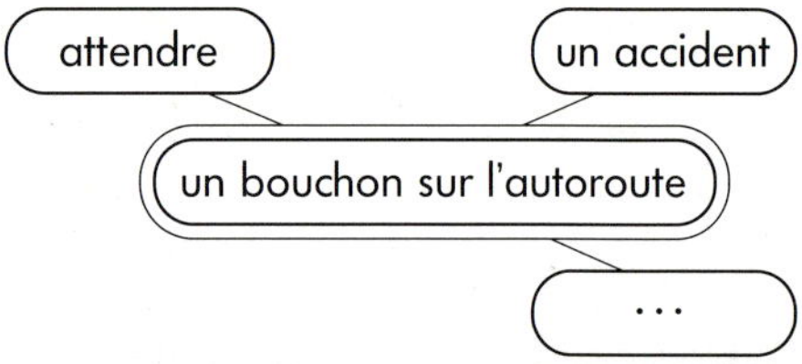

A une borne d'appel au secours

b Une dame téléphone d'une borne d'appel au secours parce qu'un camion s'est renversé[2] sur l'autoroute. Vous êtes le gendarme qui prend l'appel. *Ecoutez et notez.*

1. Est-ce qu'il y a des blessés[3]? Combien?
2. Est-ce que la dame a vu l'accident?
3. Comment s'appelle-t-elle?

c *Réfléchissez.* Pourquoi est-ce que le gendarme ne demande pas où l'accident s'est passé?

Informations routières[4]

d *Avant l'écoute: Regardez la carte.*
Cherchez Compiègne, Ressons, Estrées et Arsy.

e *Lisez les questions, puis écoutez.*

1. Qu'est-ce qu'il y a sur l'autoroute du Nord A1 au niveau de[5] Compiègne?
2. Le camion renversé bloque la circulation dans quelle direction?
3. Pour prendre la déviation[6], où faut-il quitter l'autoroute?

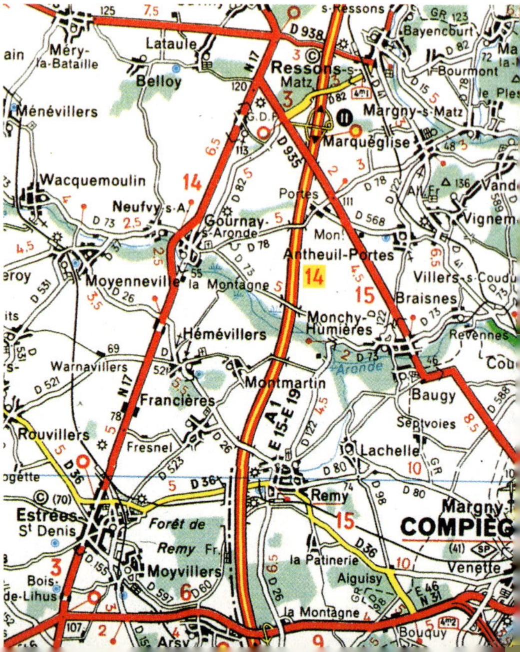

1. **l'autoroute** *(f.)*: die Autobahn; 2. **se renverser:** umfallen/umkippen; 3. **un blessé:** ein Verletzter; 4. **une information routière:** eine Verkehrsdurchsage; 5. **au niveau de:** auf der Höhe von; 6. **une déviation:** eine Umleitung

LEÇON 2

Agrippine (Fin)

Pour lire le début de l'histoire, regardez la page 25.

Quelle phrase correspond à quel dessin?

1. Agrippine propose de mettre d'autres vêtements et de refaire des photos.
2. Elles disent: «Ce sont des filles avec les mêmes vêtements que nous.»
3. La copine d'Agrippine ajoute: «Une fille moche qui porte les mêmes vêtements que moi? Ça ne me plaît pas!»

LEÇON 4

Faites un clafoutis aux cerises

Pâtisserie

Ingrédients:
100 g de farine
90 g de sucre
4 œufs
1/4 de litre de lait
750 g de cerises noires
1 pincée de sel

Préparation: 20 mn
Cuisson: 35 mn
Pour 5 ou 6 personnes

Mélanger la farine avec les œufs entiers, le sucre et le sel. Verser un peu de lait et mélanger à nouveau. Bien travailler la pâte pour la rendre légère. Ajouter peu à peu le reste du lait, puis les cerises lavées et dénoyautées. Verser la pâte dans un plat beurré. Faire cuire 35 minutes à four chaud (200°C). Saupoudrer de sucre. Servir chaud, tiède ou froid.

LEÇON 5

Au club d'écriture

a *Imaginez une fin à ces phrases.*
Ecrivez les phrases complètes dans votre cahier.

1. Quand je n'ai pas envie de travailler, ~~~~~~~~~~~~~~~~~~~~
2. Quand le film à la télé est ennuyeux, ~~~~~~~~~~~~~~~~~~~~
3. Quand ma copine/mon copain sort avec un autre copain/une autre copine, ~~~~~~~~~

b Voilà deux images.
Vous en choisissez une, puis vous faites l'exercice suivant.

1. Donnez un nom à la jeune fille/au garçon.
2. Où est-ce qu'elle/il est?
3. Imaginez pourquoi elle dit «Ça alors!»/
   pourquoi il dit «Comment est-ce que je vais leur dire?»

c Voilà la première et la dernière phrase d'une histoire.
Imaginez un petit texte pour relier les deux phrases.
Ecrivez l'histoire dans votre cahier.

Première phrase:
Ma mère me dit: «Va vite à la gare! Ta corres arrive dans une heure!»
Dernière phrase:
Quand elle me téléphone, nous rions chaque fois de cette histoire.

LEÇON 9

Notre ville/village dans un cahier

L'année prochaine, vous allez peut-être faire un échange[1].
Un groupe d'élèves français va rendre visite à votre classe.
Pour leur donner une idée de votre ville/village avant leur visite,
préparez ensemble un cahier (A 4) que vous allez envoyer au collège de vos correspondants.
Sur chaque double page[2], vous allez présenter un aspect de votre ville/village.

Vous pouvez
- prendre des photos,
- faire des dessins,
- écrire des petits textes,
- découper du matériel[3] dans des plans, des prospectus ou dans le journal de votre ville/village.

Formez des groupes: chaque groupe est responsable[4] d'une double page.

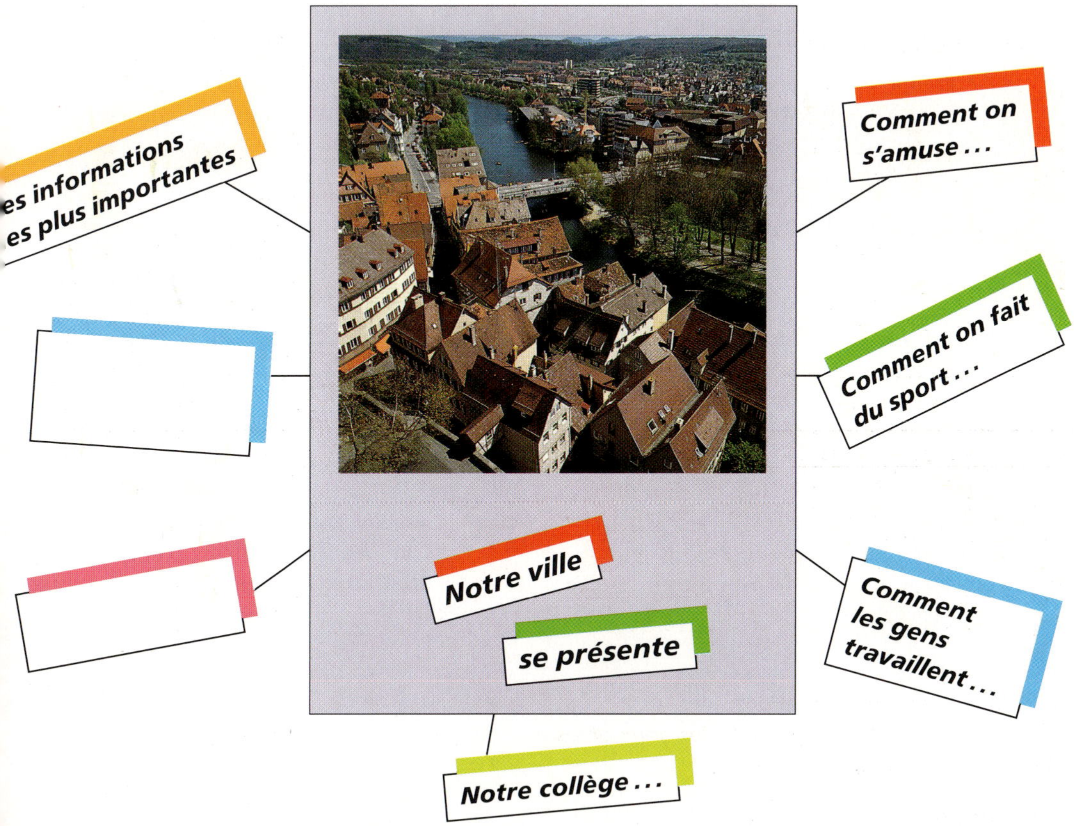

1. **un échange:** ein Austausch; 2. **une double page:** eine Doppelseite; 3. **découper du matériel:** Material ausschneiden; 4. **responsable:** verantwortlich

VOCABULAIRE

Lautzeichen

Vokale

[a]	m**a**d**a**me; wie das deutsche *a*.
[e]	caf**é**, mang**er**, regard**ez**; geschlossenes *e*, etwa wie in *geben*.
[ɛ]	il **fait**, il **met**, il **est**, m**e**rci; offenes *ä*, etwa wie in *Ärger*.
[i]	**il**, l'am**ie**; geschlossener als das deutsche *i*, Lippen stark spreizen.
[ɔ]	la p**o**rte, al**o**rs, ch**o**c; offenes *o*, offener als in *Loch*.
[ø]	d**eux**, monsi**eur**; geschlossenes *ö*, etwa wie in *böse*.
[o]	phot**o**, all**ô**, **au**ssi, cad**eau**; geschlossenes *o*, wie in *Rose*.
[œ]	s**œur**, n**eu**f, h**eu**re; offenes *ö*, etwa wie in *Röcke*.
[ə]	l**e**, r**e**pas; der Laut liegt zwischen [œ] und [ø], näher bei [œ].
[u]	gr**ou**pe, **où**, bonj**our**; geschlossenes *u*, etwa wie in *Ufer*.
[y]	t**u**, r**ue**, sal**ut**; ähnlich dem deutschen *ü* in *Tüte*.

Nasalvokale

[ɛ̃]	**un**, bi**en**, **lun**di, cop**ain**, vois**in**; nasales [ɛ]
[õ]	**on**, s**ont**, n**om**; nasales [o]
[ɑ̃]	d**ans**, ch**am**bre, je pr**ends**; nasales [ɑ]

Die Nasalvokale haben im Deutschen keine Entsprechung.

Beachte: *un, lundi:* Neben [ɛ̃] hört man in Frankreich auch [œ̃] = nasales [œ].

Konsonanten

[f]	**f**rère, **ph**oto; wie das deutsche *f* in *falsch*.
[v]	**v**erre, rê**v**er, il arri**v**e; wie das deutsche *w* in *werden*.
[s]	**s**œur, **c**'est, **ç**a, re**s**ter, récréa**t**ion; stimmloses *s*, wie in *Los*; als Anlaut vor Vokal ist *s* immer stimmlos.
[z]	phra**s**e, mai**s**on, il**s**‿arrivent, **z**éro; stimmhaftes *s*, wie in *Esel*; zwischen zwei Vokalen ist *s* stimmhaft.
[ʒ]	**j**e, bon**j**our, **g**éographie, éta**ge**; wie *j* in *Journalist*.
[ʃ]	je **ch**er**ch**e; stimmloses *sch*, wie in *schön*.
[ɲ]	ma**gn**ifique; etwa wie in *Kognak*.
[ŋ]	in Wörtern aus dem Englischen, z. B. campi**ng**, parki**ng**.
[r]	**r**ega**r**der, po**r**te, jou**r**; Zäpfchen-Reibelaut; wird auch am Wortende und vor Konsonant deutlich ausgesprochen.

Die nicht erwähnten Konsonanten sind den deutschen sehr ähnlich.
Bei [p], [b], [t], [d], [k], [g] ist jedoch darauf zu achten, dass sie ohne „Hauchlaut" gesprochen werden.

Halbkonsonanten

[j]	b**i**en, fami**ll**e; weicher als das deutsche *j* in *ja*.
[w]	**ou**i, t**o**i; flüchtiger [u]-Laut, gehört zum folgenden Vokal.
[ɥ]	c**u**isine, je s**u**is, h**u**it; flüchtiger [y]-Laut, gehört zum folgenden Vokal.

Vokabeln lernen und behalten

Wer Sprachen lernt, muss Vokabeln lernen.
Du kannst dir die Arbeit erleichtern,
wenn du einige bewährte **Grundregeln** beachtest.

1. Lerne und wiederhole Vokabeln in kurzen zeitlichen Abständen.
   3 × 10 Minuten an einem Tag ist wirksamer als 1 × 30 Minuten.
2. Lerne und wiederhole jeweils eine begrenzte Anzahl von Vokabeln.
   Etwa 20 Vokabeln pro Lerneinheit von 10 Minuten sind ein guter Richtwert.
3. Sprich die Vokabeln beim Lernen laut vor dich hin, sie prägen sich so besser ein.
4. Schreibe die schwierigen Vokabeln beim Lernen und kontrolliere die Rechtschreibung.
5. Lerne und wiederhole mit Freunden, indem ihr euch gegenseitig abfragt und kontrolliert.
   Zu zweit und zu dritt ist das Lernen intensiver und macht Spaß.

Hinweise zum Aufbau des Vocabulaire

Das *Vocabulaire* hat drei Spalten.
Die mittlere Spalte hilft dir beim Lernen der Vokabeln. Decke die linke Spalte ab und versuche, das neue Wort aus dem Satzzusammenhang in der mittleren Spalte zu erschließen. Es ist dort durch eine **Tilde** (~) ersetzt. Die Tilde kann ein einzelnes Wort oder auch eine Folge von mehreren Wörtern ersetzen. Verändert sich das Wort im Beispielsatz, so findest du in einer Fußnote die richtige Form.
Die mittlere Spalte hat noch andere Funktionen:
- Sie zeigt dir in französischen Beispielsätzen eine typische Verwendung des neuen Wortes.
- Du findest dort auch nützliche Tipps. Diese sind immer schräg gedruckt.

Das Zeichen ←→ bedeutet, dass du auf einen bestimmten Unterschied achten sollst. Meist geht es um Unterschiede zwischen den Sprachen, z. B. um Unterschiede im grammatischen Geschlecht. Geht es um die Schreibweise, so steht in der mittleren Spalte nur der Teil des französischen Wortes, der besonders zu beachten ist. Der Rest der Buchstaben ist durch waagerechte Striche ---- wiedergegeben.

Symbole und Abkürzungen

›	Vergleiche mit …	*pl.*	*pluriel* (= Plural)
≠	das Gegenteil von …	*qc*	*quelque chose* (= etwas)
←→	Achte auf den Unterschied zwischen …	*qn*	*quelqu'un* (= jemand)
[F]	Französisch	*inv.*	*invariable* (= unveränderlich)
[D]	Deutsch		
[E]	Englisch	*etw.*	etwas
fam.	*familier* (= umgangssprachlich)	*jdn.*	jemanden
ugs.	umgangssprachlich	*jdm.*	jemandem
f.	*féminin* (= feminin)	*u. a.*	unter anderem
m.	*masculin* (= maskulin)	⟨ ⟩	fakultativ

1 VOCABULAIRE

LEÇON 1

A La «Boîte à idées»

une boîte *(fam.)*		*normalerweise:* eine Schachtel; *umgangssprachlich:* eine Firma
la «Boîte à idées»		die „Ideenkiste"; *hier:* Name einer Firma
la rue du Sentier		*Straße in Paris (im 2. Bezirk)*
la mode [lamɔd]		die Mode
partout	Dans la rue du Sentier, la mode est ~.	überall
un atelier	Je travaille dans ~ de mode.	eine Werkstatt/ein Atelier
un créateur/une créatrice	Karl Lagerfeld est un ~ de mode.	ein Schöpfer/eine Schöpferin
nouveau/nouvel/nouvelle	Dans notre classe, il y a un ~[1] élève.	neu
une collection	1. Je n'aime pas la nouvelle ~ de Karl Lagerfeld. 2. J'ai ~ de sucettes.	eine Kollektion/Sammlung
une couleur	Tu aimes les ~[2] de la nouvelle collection?	eine Farbe
Céline		*weibl. Vorname*
une année	Notre professeur va passer ~ en France.	ein Jahr
dernier/dernière [dɛrnje/dɛrnjɛr]	Elle travaille chez Sonia depuis l'année ~[3].	letzter, letzte, letztes
un atelier-boutique		ein Atelier mit Verkauf
une marque	«Renault» est ~ de voiture.	eine Marke
Sonia [sɔnja]		*weibl. Vorname*
jeune [ʒœn]	Bonjour, ~ homme.	jung
une femme [ynfam]	Catherine Rigot est la ~ de Bernard Rigot.	eine Frau/Ehefrau
l'automne *(m.)* [lotɔn]	[F] = ---*omne* ←→ [E] = *autumn*	der Herbst
une équipe [ynekip]	Je joue dans ~ de foot.	eine Mannschaft/ein Team
l'été *(m.)*	Les élèves français ont deux mois de vacances en ~[4].	der Sommer
la vie	Il est très malade. On a peur pour sa ~.	das Leben
cher/chère [ʃɛr/ʃɛr]	La vie est ~[5]. (→ cher François)	teuer
bon marché *(inv.)*	≠ cher/chère; Mes vêtements sont ~[6].	preiswert, billig
gai/gaie [ge]	Elle ne pleure jamais: elle est toujours ~[7].	fröhlich, heiter, lustig
quel(s)/quelle(s)	~[8] est ton nom?	welcher/welche/welches *(Fragebegleiter)*
proposer qc à qn [prɔpoze]	Qu'est-ce qu'on fait? Qu'est-ce que tu me ~[9]?	jdm. etw. vorschlagen
jaune [ʒon]	Le citron est ~.	gelb

[1] nouvel – [2] couleurs – [3] dernière
[4] été – [5] chère – [6] bon marché
[7] gaie – [8] Quel – [9] proposes

une créatrice

le jaune	→ jaune	das Gelb
ou alors	Je voudrais des frites ~ des spaghettis.	oder aber/oder auch
beau/bel/belle	Regarde le chat. C'est un ~[1] animal.	schön
rouge [ruʒ]	Tu aimes la couleur ~?	rot
plaire à qn [plɛr]	Non, le jaune me ~[2] mieux.	jdm. gefallen
Moi, ça ne me plaît pas. *(fam.)*	Le rouge? ~	Mir *(betont)* gefällt es nicht. *(ugs.)*
vert/verte [vɛr/vɛrt]	En mai, les arbres sont ~[3].	grün
agressif/agressive [-if/-iv]	[F] = -g------ ←→ [D] = *aggressiv*	aggressiv, angriffslustig
être d'accord avec qn	La nouvelle mode est belle. – Je ne ~[4] avec toi.	mit jdm. einverstanden sein
un pantalon	Quand j'achète ~, j'achète toujours un jean.	eine Hose
un blouson		eine Jacke/ein Blouson
une chemise [ynʃmiz]	Ta ~ va bien avec ton blouson et ton pantalon.	ein Hemd
ce/cet/cette/ces	Comment est-ce que tu trouves ~[5] chemise?	diese(r), dieses *(Demonstrativbegleiter)*
un travail/des travaux	→ travailler; *des ---vaux* ←→ *des cadeaux*	eine Arbeit/Arbeiten
Au travail!		An die Arbeit!
un modèle [ɛ̃mɔdɛl]	[F] = ---*èle* ←→ [D] = *Modell*	ein Modell
du matin au soir	Ils travaillent ~.	von morgens bis abends
avoir le temps de faire qc	Tu ~[6] regarder la télé ce soir?	(die) Zeit haben etw. zu tun
«La Mode»		*hier: Name eines Restaurants*
Junior [ʒynjɔr]		*männl. Vorname*
un Africain/une Africaine		ein Afrikaner/eine Afrikanerin
un employé/une employée	Junior est un nouvel ~ chez B.A.I.	ein Angestellter/eine Angestellte
peut-être	Elle n'est pas là. Elle est ~ malade.	vielleicht
pourtant	Elle raconte sans arrêt des histoires drôles. ~, elle n'est pas gaie.	dennoch/(und ...) doch
trouver qc beau	Regarde cette voiture. Je ~[7] belle.	etw. schön finden
original/originale [ɔriʒinal]	[F] = ------*al* ←→ [D] = *originell*	originell, neuartig
une mode-choc *(fam.)*		eine Supermode *(ugs.)*
chic *(inv.)* [ʃik]	[F] = *chic* ←→ [D] = *schick*; des vêtements ~[8]	schick

A Exercices

3 **une jupe** [ynʒyp]		ein Rock
blanc/blanche [blɑ̃/blɑ̃ʃ]		weiß
gris/grise [gri/griz]		grau
bleu/bleue [blø]		blau
violet/violette [vjɔlɛ/vjɔlɛt]		violett

[1] bel – [2] plaît – [3] verts – [4] suis pas d'accord – [5] cette – [6] as le temps de [7] la trouve – [8] chic

orange *(inv.)* [ɔrɑ̃ʒ]		orange
marron *(inv.)* [marɔ̃]		(kastanien)braun
un chemisier [ɛ̃ʃmizje]		eine Bluse
un T-shirt [ɛ̃tiʃœrt]		ein T-Shirt
un pull *(fam.)* [ɛ̃pyl]		ein Pulli *(ugs.)*
un sweat *(fam.)* [ɛ̃swit]		ein Sweatshirt *(ugs.)*

B Une nouvelle marque

le printemps [ləprɛ̃tɑ̃]	Enfin, ~ arrive.	der Frühling
au printemps	~, on voit des fleurs partout.	im Frühling
avant	~ les cours, les élèves discutent devant l'école.	vor *(zeitlich)*/vorher
une sortie	L'équipe fête la ~ de la collection.	ein Ausgang; *hier:* ein Markteintritt
le Centre (Georges-)Pompidou		das Centre Pompidou *(Kunst und Kulturzentrum in Paris)*
triste	≠ gai/gaie	traurig
Clermont-Ferrand		*Stadt in der Auvergne*
cet été [sɛtete]	~, je reste à la maison.	dieser Sommer/in diesem Sommer
c'est l'heure de faire qc	Une heure déjà? ~ manger.	es ist Zeit etw. zu tun
admirer qn	On ~[1] les champions.	jdn. bewundern
une statue		eine Statue/Skulptur
Niki de Saint-Phalle		*frz. Malerin und Bildhauerin, geb. 1930*
courir	Un vrai sportif aime ~.	laufen/rennen
j'ai couru	~ une heure.	ich bin gelaufen
bousculer qn	Je vous ai ~[2]? Oh, pardon!	jdn. anrempeln
Ce n'est rien.		Das macht nichts.
ce/cet/cette/ces ... -là		der/die/das ... .da/dort *(Demonstrativbegleiter)*
cette couleur-là	Je n'aime pas ~.	die(se) Farbe da
une pièce [ynpjɛs]		ein Teil/Stück
le tissu	Pour une collection, on prend des bons ~[3].	der Stoff
une pièce de tissu		ein Stück Stoff/ ein Flicken
la façon	Je n'aime pas sa ~ de me regarder.	die Art
un puzzle [ɛ̃pœzl]		ein Puzzle
la façon puzzle		die Patchworkart
On a imité notre collection!	~! – C'est impossible!	Man hat unsere Kollektion kopiert/nachgemacht!
j'ai vu	~ nos nouveaux modèles.	ich habe gesehen
entendre qc	Ecoute. – Mais je n'~[4] rien!	etw. hören

[1] admire – [2] bousculé – [3] tissus
[4] entends

Jamais entendu.		Nie gehört.
nos idées plaisent	~ parce qu'elles sont bonnes.	unsere Ideen gefallen/ kommen gut an
voler qc à qn [vɔle]	On lui a ~[1] son vélo.	jdm. etw. stehlen
une catastrophe		eine Katastrophe
accuser qn	Il n'a rien fait. On ne peut pas l'~.	jdn. anklagen
un étranger/une étrangère	~ m'a demandé son chemin.	ein Ausländer/eine Ausländerin
un menteur/une menteuse	Il m'a accusé. Mais c'est ~.	ein Lügner/eine Lügnerin

B *Exercices*

2 **une jeune fille**		ein (junges) Mädchen
4 **il a fait**		er hat gemacht/getan
un film		ein Film
6 **excuser qn** [ɛkskyze]		jdn. entschuldigen
Excuse-moi!/Excusez-moi!		Entschuldige!/Entschuldigen Sie!
grave		schlimm

C *Céline écrit aux Noblet.*

août *(m.)* [u/ut]	~ est en été.	August
tous [tus]		alle
Chers tous, …		Ihr Lieben, … *(Anrede im Brief)*
retrouver qc	Après les vacances, on ~[2] son travail.	etw. wiederfinden; *hier:* die Arbeit in etw. wieder aufnehmen
une accusation	→ accuser	eine Anklage/Anschuldigung
j'ai fait	~ mes devoirs.	ich habe gemacht/getan
j'ai voulu savoir	~ son nom.	ich habe wissen wollen
Cornille [kɔrnij]		*Familienname*
la rue d'Aboukir		*Straße in Paris (im 2. Bezirk)*
j'ai été	~ à Paris.	ich bin gewesen
la qualité [lakalite]		die Qualität
de mauvaise qualité	Elle ne prend jamais de tissus ~.	von schlechter Qualität/minderwertig
être content/contente de faire qc [kõtã/kõtãt]	Elle est ~[3] d'être en vacances.	zufrieden, glücklich sein etw. zu tun
je n'ai pas pu aller	~ en vacances cet été.	ich habe nicht fahren können

[1] volé – [2] retrouve – [3] contente

1 VOCABULAIRE

juillet *(m.)* [ʒɥijɛ]		Juli
en juillet	Les vacances commencent ~.	im Juli
vous avez compris	Maintenant, j'ai tout expliqué. ~?	ihr habt verstanden

C Exercices

3	**un porte-monnaie/ des porte-monnaie** [ɛ̃pɔrtmɔnɛ]	ein Geldbeutel, Portmonee
4	**un voleur/une voleuse** [ɛ̃vɔlœr/ynvɔløz]	ein Dieb/eine Diebin

Révisions

Verbes

plaire j'ai plu	je plais, tu plais, il/elle/on plaît, nous plaisons, vous plaisez, ils/elles plaisent
courir j'**ai** couru	je cours, tu cours, il/elle/on court, nous courons, vous courez, ils/elles courent

Les vêtements

un blouson	eine Jacke/ein Blouson	* **un anorak** [ɛ̃nanɔrak]	ein Anorak
une chemise	ein Hemd	* **une chaussette** [ynʃosɛt]	ein Kniestrumpf/ eine Socke
un chemisier	eine Bluse	* **une chaussure**	ein Schuh
un jean	eine Jeans/ein Paar Jeans	* **un manteau/ des manteaux**	ein Mantel/Mäntel
une jupe	ein Rock	* **une robe** [ynrɔb]	ein Kleid
un pantalon	eine Hose		
un pull *(fam.)*	ein Pulli *(ugs.)*		
un sweat *(fam.)*	ein Sweatshirt *(ugs.)*		
un T-Shirt	ein T-Shirt		

* Wörter, die hier zur Vervollständigung zusätzlich erwähnt werden.
Sie werden in den folgenden Lektionen nicht als bekannt vorausgesetzt.

Demander pardon

– **Pardon.** **Excuse-moi!** **Excusez-moi!**	– Verzeihung./Entschuldigung. Entschuldige. Entschuldigen Sie.
– **Ce n'est rien!** **Ça ne fait rien!** **Ce n'est pas grave!**	– Das macht nichts. Das ist nicht schlimm.

En France

Le quartier du Sentier

Paris ist in 20 Bezirke gegliedert (ein Bezirk = *un arrondissement*). Die *rue du Sentier* befindet sich im 2. *arrondissement*.

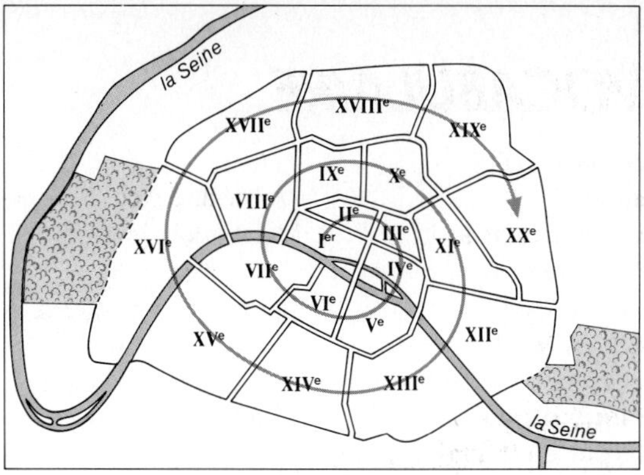

Paris ist (neben Mailand, Rom) immer noch das Zentrum der großen, teuren Mode *(haute couture)*. Im *quartier du Sentier* mit der gleichnamigen Straße und den angrenzenden Vierteln werden dagegen 30 % der französischen Billigmode erzeugt. Diesen hohen Anteil an der Gesamtproduktion schaffen flexible Kleinstbetriebe, meist mit etwa 5–10 Beschäftigten, die sich rascher auf die schnell wechselnden Bedürfnisse der Mode einstellen können als die traditionellen Großbetriebe. Die Methoden, preiswerte neue Modelle herauszubringen, sind dabei oft fragwürdig: Hungerlöhne, gegen die sich die nicht selten eingewanderten, illegal beschäftigten Arbeiter nicht wehren können, flüchtige Verarbeitung, minderwertige Stoffe, Raubkopien.

LEÇON 2

A Allô, Céline …

un emploi	→ un travail; Elle a perdu son ~.	eine Beschäftigung/Arbeitsstelle
un informaticien/ une informaticienne	~ travaille sur un ordinateur.	ein Informatiker/eine Informatikerin
un emploi d'informaticienne	Elle cherche ~.	eine Arbeitsstelle als Informatikerin
sortir (de)	≠ entrer (dans)	(aus etw.) hinausgehen/-fahren; ausgehen
elle est sortie	Ta mère est là? – Non, ~ avec papa.	sie ist hinausgegangen/hinausgefahren/ausgegangen
sortir avec qn	Elle ~[1] avec un garçon très sympa.	mit jdm. „gehen" *(eng befreundet sein)*
chaque	Mon père va au marché ~ samedi matin.	jeder/jede/jedes *(+Nomen)*
partir	≠ arriver	losgehen/weggehen/abfahren/aufbrechen
tôt [to]	Quitter la maison à 6 heures, c'est ~.	früh *(Adverb)*
tard [tar]	≠ tôt	spät *(Adverb)*
elle a dit	~ comment elle fait ça.	sie hat gesagt
on est allé(e)s	= nous sommes allé(e)s	*hier:* wir sind gegangen
France Télécom		*entspricht der Deutschen Telekom*
comme ça		so/auf diese Weise

[1] sort

venir	≠ aller	kommen
revenir	A quelle heure est-ce que tu ~[1] de l'école demain?	zurückkommen/wiederkommen
un ingénieur [ɛ̃nɛ̃ʒenjœr]		ein Ingenieur
fatigué/fatiguée	Après le travail, on est ~.	müde
rien de nouveau	≠ quelque chose de nouveau	nichts Neues
un débutant/une débutante	~ a souvent des problèmes avec son travail.	ein Anfänger/eine Anfängerin
tu penses		*hier:* natürlich/wie du dir vorstellen kannst
avoir envie de faire qc	Tu ~[2] aller au cinéma avec moi?	Lust haben etw. zu tun
il a eu	~ des problèmes avec ses parents.	er hat gehabt
retourner	Après les cours, les élèves ~[3] à la maison.	zurück-/umkehren/wieder hingehen
200 = **deux cents**		zweihundert
250 = **deux cent cinquante**		zweihundertfünfzig
un kilomètre (km)		ein Kilometer
le Puy de Dôme [ləpɥidədom]		*Berg in der Nähe von Clermont-Ferrand (1465 m hoch)*
le Tour de France	*le ~ ←→ la tour Eiffel*	die Tour de France *(alljährliches Radrennen)*
Qu'est-ce que tu fais comme sport?		Was für Sport treibst du?
le volley(-ball) [ləvɔlɛbol]	Qu'est-ce que tu fais comme sport? – Je joue au ~.	das Volleyballspiel
Hélène		*weibl. Vorname*
mixte	Aujourd'hui, les classes sont ~[4].	gemischt
tenir qc	L'infirmière ~[5] la main de l'enfant malade.	etw. halten
Tiens, tiens!	~! Il est là aussi.	Sieh da!/Sieh an!
mentir à qn	→ un menteur/une menteuse	jdn. belügen
un joueur/une joueuse	→ jouer/un jeu	ein Spieler/eine Spielerin
Sébastien [sebastjɛ̃]		*männl. Vorname*
brun/brune [brɛ̃/bryn]	A Marseille, les gens sont souvent ~[6].	braun/dunkelhaarig
un grand brun		ein großer Dunkelhaariger
gentil/gentille [ʒɑ̃ti/ʒɑ̃tij]	On aime les gens ~[7].	nett, freundlich
être amoureux/amoureuse (de qn)	Elle rêve d'un garçon. Elle ~[8] de ce garçon.	(in jdn.) verliebt sein
prochain/prochaine [prɔʃɛ̃/prɔʃɛn]	Ce devoir est pour la semaine ~[9].	nächster, nächste, nächstes
un match		ein Wettkampf/Spiel
le prochain match		das nächste Spiel
un centre d'entraînement	Avant les grands matchs, l'équipe va dans ~.	ein Trainingszentrum

[1] reviens – [2] as envie d' – [3] retournent
[4] mixtes – [5] tient – [6] bruns – [7] gentils
[8] est amoureuse – [9] prochaine

	Ça tombe bien/mal.	Tu vas à la gare? ~[1]. Moi aussi.	Das trifft sich gut./Das kommt ungelegen.
	la chance	Tu as un cousin français. Tu as de ~.	die Chance/Gelegenheit/das Glück
	rater une chance	Pourquoi est-ce que tu n'es pas venu? Tu ~[2].	eine Gelegenheit verpassen
	la taille	Dans une boutique: «Quelle est votre ~, mademoiselle?»	die (Kleider)Größe
	un mannequin [ɛ̃mankɛ̃]	Pas de collection sans ~[3].	ein Mannequin
	dormir	Il a des problèmes. Il ~[4] mal.	schlafen
	donner le bonjour à qn	Il ~[5] ses amis.	jdm. Grüße ausrichten/jdn. grüßen
	embrasser qn	La mère ~[6] son enfant.	jdn. küssen/umarmen

A Exercices

1	**un résumé**	[F] = -----é ←→ [D] = *Resümee*	ein Resümee/eine Zusammenfassung
2	**une chanson** [ynʃɑ̃sõ]	[F] = *une* ~ ←→ [D] = *ein Chanson*	ein Lied
6	**C'est de la part de qui?**		Mit wem spreche ich? *(am Telefon)*
	Ne quittez pas.		Bleiben Sie am Apparat. *(am Telefon)*
	Je vous le passe.		Ich verbinde Sie mit ihm. *(am Telefon)*
	les renseignements *(m.)* [lerɑ̃sɛɲəmɑ̃]		*hier:* die (Telefon)Auskunft

B Le match

impressionner qn	Il joue bien. Son jeu m'~[7].	jdn. beeindrucken
le terrain	Les joueurs arrivent sur ~ et le match commence.	*hier:* das Spielfeld
leur	Le professeur ~ rend leurs devoirs.	ihnen *(indirektes Objektpronomen)*
Bonne chance!	Je cherche un appartement. – ~	Viel Glück!
un service		*hier:* eine Angabe/ein Aufschlag *(beim Sport)*
fort/forte [fɔr/fɔrt]	Son copain est grand et ~.	stark, kraftvoll
une passe	[F] = *une* ~ ←→ [D] = *ein Pass*	ein Zuspiel/Pass
précis/précise [presi/presiz]	Pour bien écrire, cherchez les mots ~.	genau
le filet	Il joue souvent au ~.	das Netz
un point		ein Punkt
marquer un point	Elle est contente. Elle a ~[8].	einen Punkt erzielen

---

[1] Ça tombe bien – [2] as raté une chance – [3] mannequins – [4] dort – [5] donne le bonjour à – [6] embrasse – [7] impressionne – [8] marqué un point

envoyer qc à qn [ɑ̃vwaje]	Il m'a ~[1] une carte de Brest.	jdm. etw. schicken/ *hier:* zuwerfen/zuspielen
sauter [sote]	Tu n'as pas peur? Alors, ~[2].	springen
Hop!		Hopp!
lui [lɥi]	Il ~ écrit qu'il l'aime.	ihm/ihr *(indirektes Objektpronomen)*
Sébas [sebas]		*Kurzform für „Sébastien“*
C'est à Sébastien de faire le service.		Sébastien hat (die) Angabe.
taper	--p-- ←→ *frapper*	schlagen
dire à qn que …		jdm. sagen, dass …
continuer [kõtinɥe]	Un élève lit. Puis, un autre ~[3].	fortfahren/weitermachen
aider qn à faire qc	F = *il les ~*[4] ←→ D = *er hilft ihnen*	jdm. helfen etw. zu tun
La chance a tourné.		Das Glück hat sich gewendet.
à la fin	Elle a cherché et elle a trouvé ~.	am Ende/schließlich
gagner qc	L'équipe du collège veut ~ le match.	etw. gewinnen
Il va vite retrouver Nathalie.		Er geht schnell zu Nathalie.
si		ob
demander à qn si …	Elle lui~[5] s'il peut venir.	jdn. fragen, ob …
demander pardon à qn	Je n'ai pas été gentil avec toi. Je ~[6].	jdn. um Verzeihung/ Entschuldigung bitten
peut-être	Elle n'est pas là. Elle est ~ malade.	vielleicht

C Frère et sœur

la 3e = la troisième	Il a 15 ans. Il est en ~[7].	*Klassenbezeichnung; entspricht dem 9. Schuljahr*
un œil/des yeux [ɛ̃nœj/dezjø]	Ferme un ~.	ein Auge/Augen
aux yeux verts [ozjø]	C'est une fille ~.	mit grünen Augen
être fou/folle de qn	Les jeunes ~[8] cette vedette.	verrückt nach jdm. sein
un cheveu/des cheveux [ʃvø]	Il n'a plus de ~[9] sur la tête.	ein Haar/Haare
court/courte [kur/kurt]	Il aime les cheveux ~[10].	kurz
long/longue [lõ/lõg]	≠ court/courte	lang
avoir les cheveux courts	F = ~ *les* ~ ←→ D = *kurze Haare haben*	kurze Haare haben
avoir les yeux bruns	Elle ~[11].	braune Augen haben

[1] envoyé – [2] saute – [3] continue [4] aide – [5] demande – [6] te demande pardon – [7] 3e – [8] sont fous de [9] cheveux – [10] courts – [11] a les yeux bruns

moche *(fam.)* [mɔʃ]	≠ joli	hässlich *(ugs.)*
Il est bête comme ses pieds. *(fam.)*		Er ist strohdumm. *(ugs.)*
méchant/méchante	≠ gentil/gentille	böse, gemein
intelligent/intelligente	≠ bête	intelligent
ennuyeux/ennuyeuse [ɑ̃nɥijø/ɑ̃nɥijøz]	Regarder toujours la télé, c'est ~.	langweilig
paresseux/paresseuse	Il ne travaille pas. Il est ~.	faul

C Exercices

1	**blond/blonde** [blɔ̃/blɔ̃d]	blond
	roux/rousse [ru/rus]	rothaarig
2	**Claire Bretécher** [breteʃɛr]	*bekannte französische Zeichnerin, geb. 1943*

Révisions

Verbes

dormir
j'ai dormi
| je dors, tu dors, il/elle/on dort,
nous dormons, vous dormez, ils/elles dorment

Ebenso: **mentir** – j'ai menti; **partir** – je suis parti(e); **sortir** – je suis sorti(e)

venir
je suis venu(e)
| je viens, tu viens, il/elle/on vient,
nous venons, vous venez, ils/elles viennent

Ebenso: **revenir** – je suis revenu(e); **tenir** – j'ai tenu

envoyer
j'ai envoyé
| j'envoie, tu envoies, il/elle/on envoie,
nous envoyons, vous envoyez, ils/elles envoient

Au téléphone

1. – **Allô?**	– Hallo?
– **Allô, Céline.**	– Hallo, Céline.
Ici Nathalie. / **C'est Nathalie.**	Hier ist Nathalie.
– **Bonjour, Nathalie. Comment ça va?**	– Guten Tag, Nathalie. Wie geht's?
2. – **France Télécom. Bonjour.**	– France Télécom. Guten Tag.
– **Bonjour, madame/monsieur. Je voudrais parler à M. Noblet, s'il vous plaît.**	– Guten Tag. Ich möchte bitte Herrn Noblet sprechen.
– **C'est de la part de qui?**	– Mit wem spreche ich?
– **Mme Noblet.**	– Frau Noblet.
– **Ne quittez pas. Je vous le passe.**	– Bleiben Sie am Apparat. Ich verbinde Sie mit ihm.

▷

3. – **Allô?**	– Hallo?
– **Allô, Martine, c'est toi? Ici Patrick.**	– Hallo, Martine, bist du's? Hier Patrick.
– **Il n'y a pas de Martine ici. Vous avez fait un faux numéro.**	– Hier gibt's keine Martine. Sie haben eine falsche Nummer gewählt.
– **Oh, excusez-moi, madame.**	– Oh, entschuldigen Sie.
– **Ce n'est rien.**	– Das macht nichts.

Le caractère de quelqu'un

* **le caractère**	der Charakter		
Il/Elle est ...	Er/Sie ist ...		
amusant(e)	lustig	**agressif/agressive**	aggressiv
drôle	lustig, ulkig	**bête**	dumm
gentil/gentille	nett, freundlich	**bizarre**	seltsam, komisch
intelligent(e)	intelligent	**ennuyeux/ennuyeuse**	langweilig
intéressant(e)	interessant	**idiot(e)**	idiotisch
sympa(thique)	sympathisch	**méchant(e)**	böse, gemein
		paresseux/paresseuse	faul

Le physique de quelqu'un

Il/Elle est ...	Er/Sie ist ...		
grand(e)	groß	**beau/belle**	schön
petit(e)	klein	**joli(e)**	hübsch
* **mince**	dünn, schlank	* **laid(e)**	hässlich
* **gros/grosse** [gro/gros]	dick	**moche** *(fam.)*	hässlich *(ugs.)*
Il/Elle a ...	Er/Sie hat ...		
les cheveux			
courts	kurze		
longs	lange		
blonds	blonde	**Il/Elle a les yeux bleus.**	Er/Sie hat blaue Augen.
bruns	braune		
noirs	schwarze	**C'est un/une petit(e) blond(e).**	Er/Sie ist ein(e) kleine(r) Blonde(r).
roux	rote		
gris	graue Haare	**Il/Elle porte des lunettes.**	Er/Sie trägt eine Brille.

* Wörter, die hier zur Vervollständigung zusätzlich erwähnt werden.
Sie werden in den folgenden Lektionen nicht als bekannt vorausgesetzt.

En France

Téléphoner

Innerhalb Frankreichs werden zehn Ziffern gewählt. Zuerst eine Null, dann die neunstellige Nummer des Angerufenen. Hiervon kennzeichnet die erste Ziffer die Region: 1 = Paris und Umland, 2 = Nordwesten, 3 = Nordosten, 4 = Südosten, 5 = Südwesten.
Bei einem Gespräch von Deutschland nach Frankreich kommt zuerst die Vorwahlnummer 0033, dann die Nummer des Angerufenen (ohne die Null zu Beginn).

Bei einem Anruf von Frankreich nach Deutschland ist die Vorwahl 0049. Danach kommt die Vorwahlnummer des deutschen Orts ohne die 0 und die Nummer des deutschen Teilnehmers.
Die meisten öffentlichen Fernsprechzellen in Frankreich lassen sich nur mit einer Telefonkarte *(télécarte)* bedienen, die man bei der Post und in manchen Geschäften bekommt.

Le Tour de France

Bekanntestes, härtestes internationales Radrennen, das bei den Franzosen sehr populär ist. Es führt jeden Sommer über vier Wochen durch ganz Frankreich, vor allem auch durch die Urlaubsgebiete der Alpen und Pyrenäen, wo dann Tausende begeisterter Zuschauer die Strecke säumen. Ihren Höhepunkt erreicht die Begeisterung auf der Schlussetappe, die auf den Champs-Elysées in Paris endet.

LEÇON 3

1 *La maison des Sorel*

Sorel [sɔrɛl]		*Familienname*
octobre *(m.)* [ɔktɔbr]	~ est en automne.	Oktober
ce dimanche 26 octobre		an diesem Sonntag, dem 26. Oktober
un/une locataire [ɛ̃/ynlɔkatɛr]	≠ un/une propriétaire	ein Mieter/eine Mieterin
que	Le chien est un animal ~ j'aime.	den/die/das *(Relativpronomen, Objekt)*
connaître qn/qc	Il ~[1] bien son texte.	jdn./etw. kennen
Antoine		*männl. Vorname*
terrible	La faim peut être ~.	schrecklich/fürchterlich
Ludovic [lydɔvik]		*männl. Vorname*
Ludo [lydo]		*Kurzform für „Ludovic"*
qui	Voilà un livre ~ me plaît.	der/die/das *(Relativpronomen, Subjekt)*
louer qc	→ le locataire	etw. mieten/vermieten
un étudiant/une étudiante		ein Student/eine Studentin
les études *(f., pl.)*	→ un étudiant/une étudiante	das Studium
faire des études	Elle veut ~ de français à Rennes.	studieren
Dresde [drɛsd]		Dresden
une fille [ynfij]	Hélène est la ~ de M. et Mme Sorel.	eine Tochter
donc [dõk]	Le professeur est là. ~ le cours commence.	also/folglich
aller chercher qn	La mère ~[2] sa petite fille à l'école.	jdn. (ab)holen
sauf [sof]	Il aime tout, ~ les artichauts.	außer
autre chose	Je n'aime pas le foot. Parlons d'~.	etw. anderes
avoir autre chose à faire	Il ne m'aide jamais. Il me dit toujours qu'il ~[3].	etw. anderes zu tun haben

[1] connaît – [2] va chercher – [3] a autre chose à faire

3 VOCABULAIRE

après	≠ avant	danach/darauf/später
par		*Grundbedeutung:* durch
commencer par qc	L'exercice ~[1] un exemple.	mit etw. anfangen/ beginnen
le rez-de-chaussée [ləredʃose]	Notre appartement est au ~.	das Erdgeschoss
un salon	Nous regardons la télé au ~.	ein Wohnzimmer
une salle à manger	On mange dans la ~.	ein Esszimmer
les toilettes *(f.)*	les ~ s; Il est allé ~[2].	die Toilette
un bureau/des bureaux	Papa travaille dans son ~.	ein Arbeitszimmer, Büro/ Arbeitszimmer, Büros
derrière	≠ devant	(da)hinter
une caverne	La chambre de Ludo est sa ~.	eine Höhle
déranger qn	Je vous ~[3]? – Non, entrez.	jdn. stören
un drap [ɛ̃dra]	Le ~ est blanc.	ein Tuch/Bettlaken
une couverture	Sur le lit, il y a un drap et ~.	eine Decke/Bettdecke
au milieu de qc	L'Obélisque est ~ la place de la Concorde.	in der Mitte von etw.
une pièce	Le salon et la salle à manger sont des ~[4].	ein Zimmer
au milieu de la pièce		in der Mitte des Zimmers/ mitten im Zimmer
une tente	Il achète ~ pour les vacances.	ein Zelt
une farce	Les élèves aiment faire des ~[5] aux professeurs.	ein Streich/Scherz
cela	→ ça	das
Je connais cela.		Das kenne ich.
Dracula		Dracula
le sang	~ est rouge.	das Blut
un monstre	Dracula est ~.	ein Ungeheuer/Monster
Quel monstre!		Was für ein Monster!
une douche	Après le match, les jeunes prennent ~.	eine Dusche
entre	Lille est ~ Paris et Bruxelles.	zwischen
un dîner	F = -în-- ←→ E = *dinner*	ein Abendessen
où		wo *(Relativpronomen)*
la ville où elle habite	~ s'appelle Clermont-Ferrand.	die Stadt, in der sie wohnt
une nuit	≠ un jour	eine Nacht
Bonne nuit!	≠ Bonjour!	Gute Nacht!
une oreille	Qu'est-ce que ses ~[6] sont grandes!	ein Ohr
dire qc à l'oreille de qn		jdm. etw. ins Ohr sagen

A Exercices

1	**demander à qn de faire qc**	jdn. darum bitten etw. zu tun
2	**une entrée**	ein Eingang/Hausflur
4	**un prénom**	ein Vorname

---

[1] commence par – [2] aux toilettes
[3] dérange – [4] pièces – [5] farces
[6] oreilles

8 **une saison**		eine Jahreszeit
une date	F = *une* ~ ←→ D = *ein Datum*	ein Datum
l'hiver *(m.)* [livɛr]		der Winter
en hiver		im Winter
en été		im Sommer
en automne		im Herbst

B *Scènes dans Clermont-Ferrand*

une découverte		eine Entdeckung/Erkundung
partir à la découverte de qc	Les touristes ~[1] des monuments.	etw. erkunden gehen
vieux/vieil/vieille [vjø/vjɛj/vjɛj]	Quel âge a ton père? – Il a 40 ans. Il n'est pas ~[2].	alt
Clermont		*alter Stadtkern von Clermont-Ferrand*
le vieux Clermont		das alte Clermont
Pascal		*frz. Name (Blaise Pascal, 1623 - 1662, Mathematiker und Philosoph)*
la rue Pascal		die Pascalstraße
un hôtel [ɛ̃notɛl]		*hier:* ein herrschaftliches Stadthaus
un vieil hôtel		ein altes Stadthaus
Mira l'a déjà vu**e**. *(= la cathédrale)*		Mira hat sie schon gesehen. *(= die Kathedrale)*
un toit	De la tour, on voit les ~[3] des maisons.	ein Dach
une vieille ville		eine alte Stadt/Altstadt
en vrai	C'est une mauvaise photo. ~ Isabelle est jolie.	in Wirklichkeit
le centre-ville	Dans ~, on trouve beaucoup de magasins.	das Stadtzentrum
à vélo	Tu viens ~? – Non, je prends le tram.	mit dem Fahrrad
un/une automobiliste	Les ~[4] ne voient pas toujours les vélos.	ein Autofahrer/eine Autofahrerin
une portière	Regarde derrière. Puis, ouvre la ~.	eine Wagentür
un accident	~ est vite arrivé.	ein Unfall
bloquer qn/qc		jdn./etw. blockieren
klaxonner [klaksɔne]	Les automobilistes bloqués ~[5].	hupen
un camion	Il y a eu un accident entre un ~ et une voiture.	ein LKW/Lastwagen
manifester	Les étudiants ~[6] dans la rue.	demonstrieren
des travaux	~ bloquent la rue.	*hier:* Straßenbauarbeiten
la place de Jaude		*Platz in Clermont-Ferrand*

[1] partent à la découverte – [2] vieux
[3] toits – [4] automobilistes – [5] klaxonnent – [6] manifestent

une université	Il fait des études à l'~.	eine Universität
rencontrer qn	Devine qui j'~[1] la semaine dernière!	jdn. treffen/jdm. begegnen
un pot [ɛ̃po]		ein Topf/Glas
prendre un pot *(fam.)*	Quand on rencontre un vieil ami, on ~[2] avec lui.	einen trinken *(ugs.)*
en ville	Faire du vélo ~, c'est dangereux.	in der Stadt
une ambulance	Un accident! J'appelle ~.	ein Krankenwagen
hier [jɛr]	≠ demain; ≠ aujourd'hui	gestern
un poète	Il écrit des poèmes. C'est ~.	ein Dichter
Vercingétorix [vɛrsɛ̃ʒetɔriks]		Vercingetorix *(72 – 46 vor Christus, Anführer der Arverner, der Gallier der Region, die heute Auvergne heißt)*
un guide	Le ~ parle des monuments.	ein Reiseführer *(Buch und Person)*
l'Auvergne *(f.)*	Clermont-Ferrand est en ~.	die Auvergne *(frz. Region)*

B Exercices

6	**un marché aux puces**	ein Flohmarkt
	une tasse	eine Tasse
7	**un Canadien/une Canadienne**	ein Kanadier/eine Kanadierin
	un office du tourisme	ein Verkehrsamt

Révisions

Verbes

connaître j'ai connu	je connais, tu connais, il/elle/on connaît, nous connaissons, vous connaissez, ils/elles connaissent
déranger j'ai dérangé	je dérange, nous dérangeons

Une maison

1 **le rez-de-chaussée**	das Erdgeschoss
2 **le premier étage**	der erste Stock
3 **la porte d'entrée**	die Eingangstür
4 * **une fenêtre** [ynfənɛtr]	ein Fenster
5 * **un balcon** [ɛ̃balkõ]	ein Balkon
6 **le toit**	das Dach

▷

[1] ai rencontré – [2] prend un pot

Les pièces d'un appartement

un appartement	eine Wohnung	**la salle à manger**	das Esszimmer
une pièce	ein Zimmer	**la cuisine**	die Küche
l'entrée *(f.)*	der Eingang/Hausflur	**la salle de bains**	das Badezimmer
la salle de séjour	das Wohnzimmer	**les toilettes** *(f.)*	die Toilette
le salon		* **les W.-C.** *(m.)* [levese]	das WC
la chambre	das (Schlaf)Zimmer	**le bureau/les bureaux**	das/die Arbeitszimmer
		* **la chambre d'amis**	das Gästezimmer

* Wörter, die hier zur Vervollständigung zusätzlich erwähnt werden.
Sie werden in den folgenden Lektionen nicht als bekannt vorausgesetzt.

Les mois, les saisons et la date

l'hiver *(m.)* (**en** hiver)	**janvier** **février** **mars**	der Winter	Januar Februar März

le printemps (**au** printemps)	**avril** **mai** **juin**	der Frühling	April Mai Juni

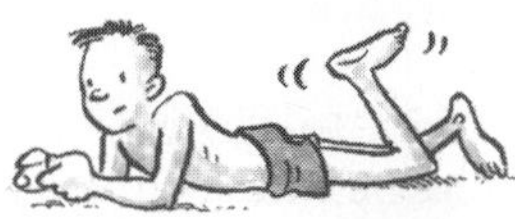

l'été *(m.)* (**en** été)	**juillet** **août** **septembre**	der Sommer	Juli August September

l'automne *(m.)* (**en** automne)	**octobre** **novembre** **décembre**	der Herbst	Oktober November Dezember

en janvier	im Januar
au mois de janvier	im Monat Januar

–	**On est** / **Nous sommes** / **C'est**	**quel jour** / **le combien**	**aujourd'hui**?	– Welchen Tag / Den Wievielten	haben wir heute?

–	**On est** / **Nous sommes** / **C'est**	**vendredi.** / **le 1er (premier)/le 2 (deux) …** / **le vendredi 1er/2 …**	– Wir haben	Freitag. / den 1./2. … / Freitag, den 1./2. …

En France

Clermont-Ferrand

Im Herzen der Auvergne, an der Stelle des heutigen Clermont, gab es schon zu Beginn der Zeitrechnung eine Ansiedlung des gallischen Stamms der Arverner, dem die Auvergne ihren Namen verdankt. 1630 wurde Clermont mit seiner Nachbarstadt Montferrand vereinigt. Heute ist Clermont-Ferrand mit 140 000 Einwohnern die bedeutendste Stadt der Auvergne, Sitz der Reifenfirma Michelin.

4 VOCABULAIRE

LEÇON 4

A Une fête? Oui, mais ...

Monnin		*Familienname*
un fils [ɛ̃fis]	Les Sorel ont une fille et deux ~.	ein Sohn
le divorce	Après ~, Sébastien est resté chez sa mère.	die Scheidung
un déjeuner [ɛ̃dejœne]	Le ~ est le repas de midi.	ein Mittagessen
le dessert [lədesɛr]	A la fin du repas, on mange un ~.	der Nachtisch
Les voilà au dessert.		Nun sind sie beim Nachtisch.
une mousse au chocolat	La ~ est un dessert.	eine Mousse au chocolat *(Schokoladencreme)*
du jambon	Achète ~ pour le déjeuner.	Schinken
une entrée	Le déjeuner commence par ~.	*hier:* eine Vorspeise
un coq [ɛ̃kɔk]	Le ~ est le symbole de la France.	ein Hahn
le vin	Il y du ~ rouge et du ~ blanc.	der Wein
du coq au vin	Mangeons ~ au déjeuner.	*Huhn in Weinsoße*
le riz [ləri]	Vous prenez votre coq au vin avec des frites ou avec du ~?	der Reis
le plat principal	Le coq au vin est un ~.	das Hauptgericht
comme plat principal		als Hauptgericht
de la salade	Après le plat principal, il y a ~.	Salat
le fromage	~ vient avant le dessert.	der Käse
le café		der Kaffee
Je veux bien.	Du café? – ~.	(Ich möchte) gern.
décider qc		etw. beschließen/entscheiden
décider de faire qc	J'ai ~[1] ouvrir une boutique.	beschließen etw. zu tun
une boum *(fam.)*	→ une fête	eine Fete *(ugs.)*
samedi prochain	Mon anniversaire, c'est ~.	der nächste Samstag/(am) nächsten Samstag
le bruit	≠ le silence	der Lärm/das Geräusch
en plus [ɑ̃plys]	Il est intelligent. ~ il travaille beaucoup.	außerdem
Je te l'ai déjà dit.		Ich habe es dir schon gesagt.
promettre qc à qn	Ses parents lui ont ~[2] un cadeau.	jdm. etw. versprechen
baisser qc [bese]	Je veux dormir. ~[3] la radio, s'il te plaît.	etw. (ab)senken; *hier:* leiser stellen
continuer à faire qc	Un élève lit. Puis, un autre ~[4] lire.	fortfahren, etw. zu tun/etw. weitermachen
la préparation	→ préparer	die Vorbereitung
le buffet [ləbyfɛ]		das Büfett

[1] décidé d' – [2] promis – [3] Baisse
[4] continue à

un invité/une invitée	→ inviter qn	ein Gast
la contribution		der Beitrag/Anteil
mettre qn à contribution	On ~[1] les invités ~[2]? – C'est une bonne idée.	*hier:* jdn. auffordern etw. mitzubringen
Okapi		*frz. Jugendzeitschrift*
une cerise [ynsriz]	Les ~[3] sont rouges ou noires.	eine Kirsche
un clafoutis aux cerises [ɛ̃klafutiosriz]		*Süßspeise aus Eierkuchenteig und Kirschen*
préférer qc	On fait une mousse au chocolat? – Je ~[4] le clafoutis aux cerises.	etw. vorziehen/lieber mögen
préférer faire qc	On sort? – Je ~[5] rester à la maison.	vorziehen etw. zu tun/lieber tun
une boisson	Le vin est ~.	ein Getränk
le coca [ləkɔka]	~ est aussi une boisson.	die Cola
la limonade [lalimɔnad]		die Limonade
l'eau minérale *(f.)*		das Mineralwasser
de l'eau minérale	Il prend ~ avec les repas.	Mineralwasser
un jus/des jus [ɛ̃ʒy]		ein Saft/Säfte
un jus de fruits [ɛ̃ʒydfrɥi]	Sa femme prend ~.	ein Fruchtsaft
falloir		brauchen/müssen
il faut qc	Pour bien travailler, ~ du temps.	man braucht etw.
il faut qc à qn	Il a soif. ~[6] une boisson.	jd. braucht etw.
il faut faire qc	~[7] aider les pauvres.	es ist nötig etw. zu tun/man muss etw. tun
il ne faut pas faire qc	~ mentir.	man darf/soll etw. nicht tun
la bière [labjɛr]	Vous voulez de ~? – Non, je prends une eau minérale.	das Bier
Jean-Pierre		*männl. Vorname*
un avis		eine Meinung
à mon avis	~, ce fromage est très bon.	meiner Meinung nach
Je ne suis pas de ton avis.	Je trouve le film super. – ~.	Ich bin nicht deiner Meinung.
l'alcool *(m.)* [lalkɔl]	F = --*coo*- ←→ D = *Alkohol*	der Alkohol
accepter qc	Je n'~[8] pas tes accusations.	etw. akzeptieren

A Exercices

un rôle [ɛ̃rol]	F = *un* -*ôl*- ←→ D = *eine Rolle*	eine Rolle
le thé	F = -*h*- ←→ D = *Tee*	der Tee
Marc		*männl. Vorname*
Stéphanie		*weibl. Vorname*
le sucre		der Zucker
un jus de pomme [ɛ̃ʒydpɔm]		ein Apfelsaft
le beurre [ləbœr]	F = *le* ~ ←→ D = *die Butter*	die Butter

---

[1] met – [2] à contribution – [3] cerises
[4] préfère – [5] préfère – [6] Il lui faut
[7] Il faut – [8] accepte

B Faisons la fête!

une chaîne hi-fi	Ecoutons de la musique avec ma ~.	eine Hi-Fi-/Stereoanlage
un coin	Je l'ai rencontré au ~ d'une rue.	eine Ecke
une assiette	Tu me donnes ton ~? Je te mets encore du riz.	ein Teller
un couteau/des couteaux	On met le ~ à droite de l'assiette.	ein Messer/Messer
une cuillère [ynkɥijɛr]	On met la ~à côté du couteau.	ein Löffel
une fourchette	On met la ~ à gauche de l'assiette.	eine Gabel
le pain	En France, il n'y a pas de repas sans ~[1].	das Brot
aller chercher qc	Il ~[2] du pain à la cuisine.	etw. holen (gehen)
espérer qc [ɛspere]		etw. hoffen
espérer faire qc	J'~[3] te revoir bientôt.	hoffen etw. zu tun
J'**en** ai acheté dix bouteilles.	J'ai du jus de fruits. ~.	Ich habe (davon) zehn Flaschen gekauft.
boire qc	Elle ~[4] seulement de l'eau.	etw. trinken
une salade de riz	Après cette ~, tu n'as plus faim.	ein Reissalat
un cocktail de bienvenue [ɛ̃kɔktɛl]	Prenez d'abord le ~.	ein Begrüßungs-/Willkommenscocktail
un mélange	Un cocktail est ~.	eine Mischung
Franck [frɑ̃k]		*männl. Vorname*
réussir à faire qc	Il ne ~[5] pas à ouvrir la bouteille.	gelingen etw. zu tun/etw. fertig bringen
l'appétit *(m.)* [lapeti]	Bon ~.	der Appetit
un saladier	→ la salade	eine Salatschüssel
enlever qc	Vous avez terminé? Alors, je vais ~ les assiettes.	etw. wegräumen/wegnehmen/ausziehen *(Kleidung)*
une serviette		eine Serviette
plus tard	On part maintenant? – Non, ~.	später
Karima		*weibl. Vorname*
une tarte aux pommes	Pour faire ~, il faut des pommes.	ein Apfelkuchen
une quiche		ein Speckkuchen
Clément		*männl. Vorname*
un succès [ɛ̃syksɛ]	F = ----*ès* ←→ E = *success*	ein Erfolg
choisir qc	Au restaurant: Qu'est-ce que vous ~[6]?	etw. wählen/aussuchen
comparer qc	En classe: Luc, ~[7] les deux textes.	etw. vergleichen
Il n'y en a plus.	Il y encore de la salade? – Non, ~.	Es gibt keinen mehr (davon).
danser [dɑ̃se]	F = ---s-- ←→ E = *dance*	tanzen
finir qc	Ouf! J'ai ~[8] mon travail.	etw. beenden/mit etw. aufhören
Tout est bien qui finit bien.		Ende gut, alles gut!
Qui est-ce que … ?	– ~ tu cherches? – Mon petit frère.	Wen … ?
la main	Je ne sais pas écrire avec ~ gauche.	die Hand

[1] pain – [2] va chercher – [3] espère
[4] boit – [5] réussit – [6] choisissez
[7] compare – [8] fini

trois quarts		drei Viertel
le gin [lədʒin]		der Gin
réagir	Il joue bien. Il ~[1] vite.	reagieren
réfléchir	Quelle est la réponse? – Attends. Je ~[2].	überlegen

B Exercices

2	**le petit déjeuner**	das Frühstück
	au petit déjeuner	beim/zum Frühstück
	la camomille [lakamɔmij]	die Kamille
	une infusion	ein Kräutertee
4	**Le Puy** [ləpɥi]	*Stadt in der Auvergne*

⟨En plus⟩

Faites un clafoutis aux cerises.

la pâtisserie [lapatisri]	Backwaren
la cuisson [lakɥisõ]	*hier:* die Backzeit
une personne	eine Person
un ingrédient [ɛ̃nɛ̃gredjɑ̃]	eine Zutat
un gramme	ein Gramm
la farine	das Mehl
un œuf/des œufs [ɛ̃nœf/dezø]	ein Ei/Eier
un litre	ein Liter
le lait [ləlɛ]	die Milch
une pincée	eine Prise
le sel	das Salz
mélanger qc	etw. (ver)mischen
entier/entière [ɑ̃tje/ɑ̃tjɛr]	ganz
verser	schütten
à nouveau	von neuem
travailler qc	*hier:* etw. durchkneten
la pâte	der Teig
léger/légère [leʒe/leʒɛr]	leicht
rendre la pâte légère	den Teig leicht machen
peu à peu	langsam/allmählich
le reste	der Rest
laver qc	etw. waschen
dénoyauter qc [denwajote]	etw. entkernen
un plat beurré	eine mit Butter ausgepinselte Backform
faire cuire qc [kɥir]	etw. backen
à four chaud [afurʃo]	*hier:* bei hoher Temperatur
saupoudrer de qc [sopudre]	mit etw. bestreuen
servir qc	*hier:* etw. servieren
chaud/chaude [ʃo/ʃod]	warm
tiède [tjɛd]	lauwarm
froid/froide [frwa/frwad]	kalt

Révisions

Verbes

préférer j'ai préféré	je préfère, tu préfères, il/elle/on préfère, nous préférons, vous préférez, ils/elles préfèrent
Ebenso:	**espérer** – j'ai espéré

▷

[1] réagit – [2] réfléchis

boire j'ai bu	je bois, tu bois, il/elle/on boit, nous buvons, vous buvez, ils/elles boivent
finir j'ai fini	je finis, tu finis, il/elle/on finit, nous finissons, vous finissez, ils/elles finissent
Ebenso:	**choisir** – j'ai choisi **réfléchir** – j'ai réfléchi **réagir** – j'ai réagi **réussir** – j'ai réussi

Donner son avis

Je pense que **Je trouve que** **Je crois* que** **A mon avis,**	**ce film est intéressant.**	Ich denke, dass Ich finde, dass Ich glaube, dass	dieser Film interessant ist.
		Meiner Meinung nach ist dieser Film interessant.	

Je suis de ton avis.	Ich bin deiner Meinung.
Je ne suis pas de ton avis.	Ich bin nicht deiner Meinung.
Je suis d'accord avec toi.	Ich bin mit dir einverstanden.
Je ne suis pas d'accord avec toi.	Ich bin nicht mit dir einverstanden.
Je suis de l'avis de Barbara.	Ich bin Barbaras Meinung.
Je ne suis pas de l'avis de Barbara.	Ich bin nicht Barbaras Meinung.

Mettre la table

* **mettre la table**	den Tisch decken
1 **une assiette**	ein Teller
2 **une fourchette**	eine Gabel
3 **un couteau/des couteaux**	ein Messer/Messer
4 **une cuillère**	ein Löffel
5 **une petite cuillère**	ein kleiner Löffel
6 **un verre**	ein Glas
7 **un pain**	ein Brot
8 **une bouteille**	eine Flasche
9 * **une carafe d'eau**	eine Karaffe mit Wasser

* Wörter, die hier zur Vervollständigung zusätzlich erwähnt werden.
Sie werden in den folgenden Lektionen nicht als bekannt vorausgesetzt.

En France

Un repas

Eine französische Hauptmahlzeit besteht aus mindestens drei bis vier Gängen: Vorspeise (*l'entrée*), Hauptgericht (*le plat principal*), Käse (*le fromage*) und/oder Nachtisch (*le dessert*). Häufig gibt es vor dem Käse auch noch einen Salat (*la salade*). Zu allen Gängen (außer dem Nachtisch) wird Brot gereicht. Wenn man zum ersten Mal an einem Essen teilnimmt, besteht die Gefahr, dass man sich schon an Vorspeise und Brot satt isst.

LEÇON 5

A Le club Radio Ados

un adolescent/ une adolescente	garçon/fille entre 12 et 20 ans	ein Jugendlicher/eine Jugendliche
un/une ado *(fam.)*		ein Jugendlicher/eine Jugendliche *(ugs.)*
Radio Ados		*frz. Radiosender für Jugendliche*
Albert Camus [albɛrkamy]		*frz. Schriftsteller, 1913 - 1960*
une émission	Qu'est-ce qu'il y a à la télé ce soir? – ~ sur Paris.	eine Sendung
une station	Europe 1 est ~ de radio.	*hier:* ein Sender
un principe		ein Prinzip/Grundsatz
un auditeur/une auditrice	Les ~[1] écoutent une émission.	ein Hörer/eine Hörerin
un studio		ein Studio
direct/directe [dirɛkt]		direkt/unmittelbar
en direct	«Découvertes» est une émission ~.	direkt/live
par téléphone	Elle m'a invité ~.	telefonisch
un côté	Je dors toujours sur le ~.	eine Seite
à ses côtés	On le voit toujours avec son chien ~.	neben ihm/ihr
Fabienne [fabjɛn]		*weibl. Vorname*
Costa		*Familienname*
un chanteur/une chanteuse	→ une chanson	ein Sänger/eine Sängerin
Gilles [ʒil]		*frz. Vorname*
Gilles Floret [ʒilflɔrɛ]		*frz. Popsänger*
une séance [ynseɑ̃s]		eine Sitzung
une séance de travail	Papa rentre tard. Il a ~.	eine Arbeitssitzung
critiquer qn	~ est facile.	jdn. kritisieren
Delphine [dɛlfin]		*weibl. Vorname*
contre		(da)gegen
génial/géniale; *pl.* géniaux/géniales [ʒenjal/ʒenjo]	Tu fais une boum? C'est ~.	genial, großartig, toll
Serge		*männl. Vorname*
rire	≠ pleurer	lachen; *hier:* scherzen
croire qn/qc	Je ne le ~[2] pas. C'est un menteur.	jdm./etw. glauben
avoir raison	Je crois qu'ils ~[3].	Recht haben
passer qc	Je ~[4] mon nouveau CD?	*hier:* etw. bringen/spielen
préféré/préférée		bevorzugt, Lieblings-
le chanteur préféré	C'est un CD de mon ~.	der Lieblingssänger

[1] auditeurs – [2] crois – [3] ont raison
[4] passe

5 VOCABULAIRE

une parole [ynparɔl]		ein Wort
laisser la parole à qn	Aujourd'hui, nous ~[1] aux auditeurs.	jdm. das Wort überlassen
ne … personne	Qui est là? – Je ~ vois ~.	niemand
Fanny		*weibl. Vorname*
sentir qc	Je ~[2] qu'il ment.	etw. fühlen/riechen
le trac *(fam.)* [lətrak]	→ la peur	das Lampenfieber/der Bammel *(ugs.)*
avoir le trac *(fam.)*	C'est la première fois. J'~[3].	Lampenfieber haben *(ugs.)*

A Exercices

1 **changer qc**		etw. ändern
une sorte de qc		eine Sorte/Art von etw.

B «Découvertes» avec Gilles Floret

exceptionnel/exceptionnelle	Floret est un chanteur ~.	außergewöhnlich
un numéro exceptionnel	[F] = *un --m---* ←→ [D] = *eine Nummer*	eine Sondernummer/Sonderausgabe
pendant que	Tu peux faire les courses ~ je prépare le repas.	während
un appel [ɛ̃napɛl]	→ appeler	ein Aufruf/*(telefonischer)* Anruf
une star	[F] = *une* ~ ←→ [D] = *ein Star*	ein Star
il est **né**/elle est **née**		er/sie ist geboren
en 1966 (= dix-neuf cent soixante-six)	Gilles Floret est né ~.	(im Jahre) 1966
Il est né le 26 janvier.	[F] = ~ *le* ~ ←→ [D] = ~ *am* ~	Er ist/wurde am 26. Januar geboren.
Courpière		*kleines Dorf in der Auvergne*
un village	≠ une ville	ein Dorf
un agriculteur/une agricultrice	~ habite dans un village.	ein Landwirt/eine Landwirtin
un paysan/une paysanne	→ un agriculteur/une agricultrice	ein Bauer/eine Bäuerin
exact/exacte [ɛgza(kt)/ɛgzakt]	Il est génial. – C'est ~.	genau, richtig
une époque [ynepɔk]		eine Epoche/Zeit
la campagne	A ~, il y a des villages.	das Land *(im Gegensatz zur Stadt)*
de la campagne à la ville		vom Land in die Stadt
un chapitre	~ est une partie d'un livre.	ein Kapitel
le lycée	Les Français passent trois années au ~.	*entspricht der Sek. II/der Oberstufe des Gymnasiums*
devenir qc [dəvnir]	Il veut ~ ingénieur, comme son père.	etw. werden
Anne [an]		*weibl. Vorname*

[1] laissons la parole – [2] sens – [3] ai le trac

Comment **était** l'ambiance?		Wie **war** die Stimmung?
Est-ce que vous **aviez** des profs sympa?		**Hattet** ihr sympathische Lehrer?
sérieux/sérieuse	Il travaille. C'est un élève ~.	gewissenhaft, seriös; *hier:* fleißig
Je n'étais pas très sérieux.		*hier:* Ich war nicht sehr fleißig./ Ich habe es nicht sehr ernst genommen.
la moyenne [lamwajɛn]	Je dors huit heures en ~[1].	der Durchschnitt
avoir la moyenne		ausreichend stehen/haben *(als Note)*
je **travaillais**		ich arbeitete
une matière	L'allemand est ~.	ein (Schul)Fach
une note [ynnɔt]		eine Note
Qu'est-ce qui … ?	~ te plaît ici? – Rien.	Was … ? *(Fragepronomen, Sachsubjekt)*
Qu'est-ce qui t'a donné envie de faire de la musique?		Was hat dich darauf gebracht, Musik zu machen?
chanter	→ un chanteur/une chanteuse; une chanson	singen
à l'époque	à cette époque-là	zu dieser/jener Zeit/ damals
un rêve	→ rêver	ein Traum
Vanessa		*weibl. Vorname*
Qui est-ce qui … ?	qui	Wer … ? *(Fragepronomen, Personensubjekt)*
Qui est-ce qui t'a donné ta première chance?		Wer hat dir deine erste Chance gegeben?
créer qc [kree]	→ un créateur/une créatrice	etw. erschaffen, *hier:* bilden
vendre qc	≠ acheter qc	etw. verkaufen
nous-mêmes	Nous faisons tout ~.	wir selbst
marcher	Ses études ~[2] bien.	gehen/laufen; *hier:* klappen
même	Elle est très intelligente, ~ géniale.	sogar
un producteur/une productrice	*une ------trice – une auditrice*	ein Produzent/eine Produzentin
un disque	Son premier ~ a eu beaucoup de succès.	eine Schallplatte

B Exercices

2 **Et pourtant, elle tourne!**		Und sie (= die Erde) dreht sich doch!
3 **un poisson**		ein Fisch
5 **la date de naissance**		das Geburtsdatum

[1] moyenne – [2] marchent

5 VOCABULAIRE

Révisions

Verbes

croire j'ai cru	je crois, tu crois, il/elle/on croit, nous croyons, vous croyez, ils/elles croient
rire j'ai ri	je ris, tu ris, il/elle/on rit, nous rions, vous riez, ils/elles rient
sentir j'ai senti	je sens, tu sens, il/elle/on sent, nous sentons, vous sentez, ils/elles sentent

Pour écouter de la musique et regarder des films

une cassette	eine (Musik)Kassette	* **un radiocassette**	ein Radiorecorder
un CD/des CD	eine CD/CDs	* **un lecteur de CD**	ein CD-Spieler
un disque	eine (Schall)Platte	* **un tourne-disque**	ein Plattenspieler
une chaîne hi-fi	eine Hi-Fi-/Stereoanlage	* **un baladeur/ un walkman** [ɛ̃wɔkman]	ein Walkman
* **une vidéocassette**	eine Videokassette		
* **un magnétoscope**	ein Videorecorder	**la télé(vision)**	das Fernsehen
* **un magnétophone**	ein Kassettenrecorder	**la radio**	das Radio

* Wörter, die hier zur Vervollständigung zusätzlich erwähnt werden.
Sie werden in den folgenden Lektionen nicht als bekannt vorausgesetzt.

La date de naissance

– **Quand est-ce que tu es né(e)?**	– Wann bist/wurdest du geboren?
– **Je suis né(e) le 7 janvier 1986 (= dix-neuf cent quatre-vingt-six).**	– Ich bin/wurde am 7. Januar 1986 geboren.
Je suis né(e) en 1986.	Ich bin/wurde 1986 geboren.

En France

L'école en France

In Frankreich beginnt das Schuljahr nach den großen Ferien im September.
Im Laufe des Schuljahres gibt es dreimal Zeugnisse (ein Zeugnis = *un bulletin* [ɛ̃byltɛ̃]): in der Regel Anfang Dezember, Anfang März und zum Schuljahrsende Mitte Juni.
Die Noten gehen von 0 bis 20. 20 ist die beste Note. Um noch ausreichend zu haben, braucht man mindestens die Note 10 (*avoir la moyenne*).

LEÇON 6

A Une idée géniale

quelques	Dans le texte, il y a ~ fautes.	einige (wenige)/ein paar *(+Nomen)*
en principe		im Prinzip
important/importante	Pour une star, le public est très ~.	wichtig
quelque chose d'important	Je vais te raconter ~.	etwas Wichtiges
ces derniers temps	~, j'ai été fatigué.	in der letzten Zeit
le chômage [ləʃomaʒ]		die Arbeitslosigkeit
être au chômage	Il ne travaille pas en ce moment. Il ~[1].	arbeitslos sein
Michelin [miʃlɛ̃]		*frz. Reifenfabrik; in Clermont-Ferrand ansässig*
un métier	Elle est informaticienne. C'est son ~.	ein Beruf
essayer qc	Son métier? ~ les nouveaux modèles de voitures.	etw. versuchen; *hier:* testen
essayer de faire qc	J'~[2] faire l'interprète.	versuchen etw. zu tun
un pneu/des pneus	Monsieur Forestier essayait des ~[3].	ein Reifen/Reifen
une route	Entre deux villages, il y a ~.	eine (Land)Straße
licencier qn	Quand il y a trop peu de travail, on ~[4] des gens.	jdn. entlassen
un licenciement	→ licencier	eine Entlassung
le début	≠ la fin	der Anfang/Beginn
au début (de qc)	Janvier est ~ l'année.	am Anfang/zu Beginn (von etw.)
prendre mal qc	Mes parents ont ~[5] mes mauvaises notes.	etw. schlecht aufnehmen
vivre	→ la vie	leben
vivre qc	Elle a ~[6] des époques difficiles.	etw. erleben; *hier:* etw. durchmachen
tout/toute [tu/tut]	~[7] le problème, ~[8] la difficulté est là.	ganz *(+Nomen)*
tous/toutes [tu/tut]	Il connaît ~[9] villages et ~[10] routes d'Auvergne.	alle *(+Nomen)*
une région	L'Auvergne est ~ de France.	eine Gegend/Region
une station thermale	En Auvergne, il y a des ~[11].	ein Kurort/Badeort
plus intelligent	Il n'est pas bête. Mais sa sœur est ~[12].	intelligenter
Forestier		*Familienname*
une entreprise	Il a créé ~.	ein Unternehmen/Betrieb/eine Firma

[1] est au chômage – [2] essaie de [3] pneus – [4] licencie – [5] mal pris [6] vécu – [7] Tout – [8] toute – [9] tous les – [10] toutes les – [11] stations thermales – [12] plus intelligente

un ballon		*hier:* ein Ballon
une montgolfière [ynmõgɔlfjɛr]	~ est une sorte de ballon.	eine Montgolfiere (*Heißluftballon, benannt nach den Erfindern, den Brüdern Montgolfier)*
le ciel [ləsjɛl]	~ est bleu ou gris.	der Himmel
survoler qc	Le ballon ~[1] la campagne.	etw. überfliegen
un volcan	L'Auvergne est une région de ~[2].	ein Vulkan
un spectacle	Paris vu de la tour Eiffel: quel ~!	eine Vorstellung; *hier:* ein Anblick
excellent/excellente [ɛksɛlɑ̃/ɛksɛlɑ̃t]	Allons au cinéma. – ~[3] idée!	ausgezeichnet, exzellent
proposer à qn de faire qc	Vous avez des problèmes, madame? Je ~[4] vous aider.	jdm. vorschlagen etw. zu tun
la publicité	→ le public	die Werbung
la pub *(fam.)*	A la radio: Et maintenant, une page de ~[5].	die Werbung *(ugs.)*
tout de suite [tutsɥit]	Tu viens? – Oui, ~.	sofort
passer par là		*hier:* (gerade) vorbeikommen

A Exercices

2	**ranger qc**		etw. aufräumen
3	**une fenêtre**	F = *une* ~ ←→ D = *ein Fenster*	ein Fenster
4	**Elodie**		*weibl. Vorname*
	la danse [ladɑ̃s]	F = *la* ~ ←→ D = *der Tanz*	der Tanz
	un danseur/une danseuse		ein Tänzer/eine Tänzerin
5	**un vol** [ɛ̃vɔl]		ein Flug
	rentrer dans un arbre		gegen einen Baum fahren
	la réalité		die Wirklichkeit/Realität
	en réalité		in Wirklichkeit

B En ballon au-dessus des volcans

au-dessus de qc [odsydə]	Le 1er étage est ~[6] rez-de-chaussée.	über/oberhalb von etw.
Forestair		*hier: Firmenname*
l'activité *(f.)*	L'entreprise a commencé ses ~[7].	die Tätigkeit; *hier:* der Betrieb
voler [vɔle]	→ le vol	fliegen
plusieurs *(inv.)*	Elle a ~ amies.	mehrere
un/une journaliste	Cette ~ a fait une interview avec M. Forestair.	ein Journalist/eine Journalistin

[1] survole – [2] volcans – [3] Excellente – [4] vous propose de – [5] pub – [6] au-dessus du – [7] activités

la nature		die Natur
un parc		ein Park
un pilote [ɛ̃pilɔt]		ein Pilot/eine Pilotin
un reporter [ɛ̃rəpɔrtɛr]		ein Reporter/eine Reporterin
un article	Un reporter écrit des ~[1].	ein Artikel
le temps		die Zeit/das Wetter
Il fait un temps magnifique.	Quel temps est-ce qu'il fait? – Il fait ~.	Es ist herrliches Wetter.
le volant		das Steuer/Lenkrad
au volant	Maman aime être ~.	am Steuer
froid/froide [frwa/frwad]	Je voudrais de l'eau ~[2].	kalt
J'ai froid.	Il me faut une couverture. ~.	Mir ist kalt.
chaud/chaude [ʃo/ʃod]	≠ froid/froide	warm, heiß
Il fait chaud.	J'enlève mon pull. ~.	Es ist warm/heiß.
neiger [neʒe]	Il ~[3]. La route est dangereuse.	schneien
d'habitude	~, il fait chaud en juillet.	normalerweise
conduire	D'habitude, papa ~[4] mieux.	fahren
la sauce		die Soße
peu à peu	~, il commence à neiger.	langsam/allmählich
l'altitude *(f.)*		die Höhe *(über dem Meeresspiegel)*
prendre de l'altitude	Le ballon monte. Il ~[5].	an Höhe gewinnen
un nuage [ɛ̃nɥaʒ]	Dans le ciel, il y a des ~[6].	eine Wolke
le soleil [ləsɔlɛj]	F = *le* ~ ←→ D = *die Sonne*	die Sonne
briller [brije]	Le soleil ~[7].	scheinen
Il fait beau (temps).	Il y a du soleil. ~.	Es ist schön(es Wetter).
pleuvoir [plœvwar]		regnen
Il pleut. [ilplø]	Restons à la maison. ~	Es regnet.
le paysage	En Auvergne, il y a des ~[8] magnifiques.	die Landschaft
le relief [lərəljɛf]		das Relief
une carte en relief		eine Reliefkarte
le Puy de Sancy [sɑ̃si]		*Berg in der Auvergne (1885 m hoch)*
une station de sports d'hiver		ein Wintersportort
Super-Besse	~ est une station de sports d'hiver.	*Wintersportort in der Auvergne*
construire qc	Un architecte ~[9] des maisons.	etw. (er)bauen
un mètre	Mille ~[10] font un kilomètre.	ein Meter
à 1350 mètres d'altitude		auf 1350 m Höhe
un skieur/une skieuse [ɛ̃skjœr/ynskjøz]		ein Skifahrer/eine Skifahrerin
détruire qc	On veut ~ une partie de la vieille ville.	etw. zerstören
une montagne	Le Puy de Sancy est ~.	ein Berg
à la montagne	~, il fait très froid en hiver.	in den Bergen
un parapente		ein Gleitschirm
autour de qc	Elle a un jardin ~ sa maison.	um etw. herum

[1] articles – [2] froide – [3] neige
[4] conduit – [5] prend de l'altitude
[6] nuages – [7] brille – [8] paysages
[9] construit – [10] mètres

	une poule	≠ un coq	ein Huhn
	une poule mouillée *(fam.)* [ynpulmuje]	Il a toujours peur. C'est ~.	ein Angsthase *(ugs.; wörtlich: ein nasses Huhn)*

B Exercices

1	**Quel temps fait-il?**		Wie ist das Wetter?
	la température		die Temperatur
	un degré [ɛ̃dəgre]	F = ----*é* ←→ E = *degree*	ein Grad
	Il fait dix degrés.		Es sind zehn Grad.
	Il fait moins deux.		Es sind minus zwei (Grad).
2	**le contraire**		das Gegenteil
	au contraire		im Gegenteil
3	**moderne** [mɔdɛrn]		modern
4	**le plastique**		das Plastik
	en plastique		aus Plastik
	un papier [ɛ̃papje]		ein Papier
5	**Véronique**		*weibl. Vorname*

Révisions

Raconter et écouter une histoire

Vous racontez une histoire:		*Vous écoutez une histoire:*	
Je vais te raconter une histoire intéressante / bizarre / amusante.	Ich werde dir eine interessante / seltsame / lustige Geschichte erzählen.	**Alors, commence.**	Dann fang an.
		Je t'écoute.	Ich höre dir zu.
		Ah bon?	Wirklich?/So?
		Où ça?	Wo (denn)?
		Quand ça?	Wann (denn)?
		Comment ça?	Wie (denn)?
Ce matin, …	Heute Morgen …	**Ça alors!**	Na, so was!
Cette nuit-là, …	In jener Nacht …	**Eh bien, dis donc!**	Sag bloß!/mal!
Hier, …	Gestern …	**Tiens, tiens!**	So, so!
Un jour, …	Eines Tages …	**C'est vrai?**	Wirklich?
L'année dernière, …	Letztes Jahr …	**Ce n'est pas possible!**	Das ist (doch) nicht möglich!
D'abord/Au début, …	Zuerst/Am Anfang …		
Un peu / Une minute / Un jour — plus tard, … / après, …	Etwas / Eine Minute / Einen Tag — später … / danach …	**Ce n'est pas vrai!**	Das ist (doch) nicht wahr!
		Et qu'est-ce que tu as fait?	Und was hast du (da) gemacht?
Puis/Ensuite/Alors, …	Dann/Darauf/Da(mals) …	**Et comment est-ce qu'il a réagi?**	Und wie hat er (da) reagiert?
Tout à coup, …	Plötzlich …	**Et après?**	Und dann?
Enfin, …	Schließlich …	**Quelle histoire!**	Was für eine Geschichte!

Verbes

essayer j'ai essayé	j'essaie, nous essayons, ils/elles essaient
vivre j'ai vécu	je vis, tu vis, il/elle/on vit, nous vivons, vous vivez, ils/elles vivent
conduire j'ai conduit	je conduis, tu conduis, il/elle/on conduit, nous conduisons, vous conduisez, ils/elles conduisent

Ebenso: **construire** – j'ai construit **détruire** – j'ai détruit

Antonymes

* **un antonyme** [ɛ̃nɑ̃tɔnim] ein Gegensatzwort

Verbes

arriver – partir	ankommen – weggehen		
descendre – monter	hinuntergehen – hinaufgehen		
entrer – sortir	hineingehen – hinausgehen		
acheter – vendre	kaufen – verkaufen		
aimer – détester	lieben – hassen	**construire – détruire**	bauen – zerstören
chercher – trouver	suchen – finden	**demander – répondre**	fragen – antworten
commencer – finir	anfangen – aufhören	**fermer – ouvrir**	schließen – öffnen

Noms

le bruit – le silence	der Lärm – die Stille	**le matin – le soir**	der Morgen – der Abend
le début – la fin	der Anfang – das Ende		
le jour – la nuit	der Tag – die Nacht	**la question – la réponse**	die Frage – die Antwort

Adjectifs

bon/bonne – mauvais(e)	gut – schlecht	**gentil/gentille – méchant(e)**	nett – böse, gemein
bon marché – cher/chère	billig – teuer	**grand(e) – petit(e)**	groß – klein
chaud(e) – froid(e)	warm – kalt	**intelligent(e) – bête**	intelligent – dumm
court(e) – long/longue	kurz – lang	**intéressant(e) – ennuyeux/ennuyeuse**	interessant – langweilig
facile – difficile	leicht – schwierig		
gai(e) – triste	fröhlich – traurig	**jeune – vieux/vieille**	jung – alt

Adverbes

bien – mal	gut – schlecht	**plus – moins**	mehr – weniger
beaucoup – peu	viel – wenig	**tôt – tard**	früh – spät

Prépositions

à droite – à gauche	rechts – links	**sur – sous**	auf – unter
avant – après	vor (*zeitlich*) – nach	**pour – contre**	für – gegen
devant – derrière	vor (*örtlich*) – hinter		

7 VOCABULAIRE

En France

L'Auvergne

Die Auvergne ist eine malerische Landschaft von Vulkankegeln und -kratern, an deren Fuß Mineralquellen zur Entwicklung von Bade- bzw. Kurorten geführt haben. Man kann diesen Teil der Auvergne auf zahlreichen gut markierten Wegen erwandern. Zu Wintersportplätzen wie Super-Besse gelangen die Skifahrer aus dem Raum Paris rasch auf der Autobahn, die Paris mit Clermont-Ferrand verbindet. Neben den Hochflächen, wo Viehzucht vorherrscht, gibt es auch fruchtbare Ebenen östlich von Clermont-Ferrand, wo Weizen, Mais, Zuckerrüben und sogar Weinreben gedeihen.

LEÇON 7

Une nuit de février

Chapitre I

Dixier [diksje]		*frz. Name*
un ouvrier/une ouvrière [ɛ̃nuvrije/ynuvrijɛr]	~ travaille avec ses mains.	ein Arbeiter/eine Arbeiterin
Le Bourgnon [ləburɲõ]		*kleines Dorf bei Clermont-Ferrand*
se trouver	Fontainebleau ~[1] à 64 kilomètres de Paris.	sich befinden
un/une collègue [ɛ̃/ynkɔlɛg]	F = ----ègue ←→ D = *Kollege*	ein Kollege/eine Kollegin
arrêter qc/qn	La rue est bloquée par un accident. La police ~[2] les voitures.	etw./jdn. anhalten
une usine	Un ouvrier travaille dans un atelier ou dans ~.	eine Fabrik
seul/seule [sœl]	Il a perdu sa femme. Il vit ~.	allein
s'occuper de qn/qc	Quand la mère travaille à l'usine, le père ~[3] enfants.	sich mit jdm./etw. beschäftigen, sich um jdn./etw. kümmern
une bête	Elle a un chien et un chat. Elle aime les ~[4].	ein Tier
les bêtes		*hier:* das Vieh
se reposer	Après le travail, on ~[5].	sich erholen/ausruhen
une ferme	Le paysan a ~.	ein Bauernhof/Gehöft
de père en fils	Dans cette famille, on est ingénieur ~.	von Generation zu Generation
Je te laisse.	C'est l'heure de partir. ~.	*hier:* Ich fahr'/geh' jetzt (mal).
la neige [lanɛʒ]	→ neiger	der Schnee
venir de faire qc	Elle est encore là? – Non, elle ~[6] partir.	gerade etw. getan haben
annoncer qc	La radio a ~[7] du beau temps.	etw. ankündigen

[1] se trouve – [2] arrête – [3] s'occupe des [4] bêtes – [5] se repose – [6] vient de [7] annoncé

le vent	Ce ~ annonce du mauvais temps.	der Wind
avoir de la chance de faire qc	Tu ~[1] avoir un emploi. Moi, je suis sans travail.	Glück haben, dass man etw. tut
l'argent *(m.)*	Payer, c'est donner de ~.	das Geld
gagner qc	Avec une petite ferme, on ne ~[2] pas beaucoup.	*hier:* etw. verdienen
Riom [rjõ]		*Stadt in der Auvergne, ca. 15 km von Clermont-Ferrand entfernt*
commencer à faire qc	Restons à la maison. Il ~[3] pleuvoir.	anfangen/beginnen etw. zu tun
Chapitre II		
pendant	*pendant le travail ←→ pendant qu' on travaille.*	während
pendant ce temps		während dieser Zeit/ währenddessen
dîner	→ le dîner	zu Abend essen
Muriel [myrjɛl]		*weibl. Vorname*
Maurice [mɔris]		*männl. Vorname*
Florent		*männl. Vorname*
s'inquiéter [sɛ̃kjete]	Les parents ~[4] parce que leur enfant ne rentre pas.	unruhig werden/sich beunruhigen
une tempête	Le vent fort annonce ~.	ein Sturm/Unwetter
se coucher	Il ~[5] tôt parce qu'il est fatigué.	sich hinlegen/schlafen legen
quand même	J'ai du travail. Mais je viens ~.	trotzdem
si	*s'il(s) ←→ si elle(s)*	wenn/falls
s'adresser à qn	L'automobiliste cherche une rue. Il ~[6] un homme qui passe.	sich an jdn. wenden
la situation		die Situation
la circulation	Dans le centre-ville, ~ est difficile.	der Verkehr/das Fahren
plein/pleine (de qc) [plɛ̃/plɛn]	A la montagne, les routes sont ~[7] virages.	voll (von etw.)
une route pleine de virages		eine kurvenreiche Straße; *wörtl.:* eine Straße voller Kurven
lutter	Pour gagner un match, il faut ~.	kämpfen
s'arrêter	Il y a un accident. Je ~[8] pour voir si je peux aider.	anhalten
se mettre à faire qc	commencer à faire qc	anfangen etw. zu tun
Il se met à avoir très peur.		Er bekommt (allmählich) große Angst.
une étable	Pendant la nuit, les bêtes sont à l'~.	ein Stall
réparer qc		etw. reparieren
provisoire [prɔvizwar]		provisorisch/vorläufig
longtemps	Il a plu ~? – Oui, toute la journée.	lange
dépenser qc [depɑ̃se]	≠ gagner qc	etw. ausgeben

[1] as de la chance d' – [2] gagne – [3] commence à – [4] s'inquiètent – [5] se couche [6] s'adresse à – [7] pleines de – [8] m'arrête

7 VOCABULAIRE

Chapitre III

presque	99, c'est ~ 100.	fast
arrêter de faire qc	Les élèves parlent. Alors, le professeur dit: ~[1] de bavarder.	aufhören etw. zu tun
au loin	De la tour Eiffel, on voit Notre-Dame ~.	in der Ferne
un phare		ein Scheinwerfer
vers	Cette route va ~ Paris? – Oui, c'est la bonne direction.	in Richtung auf/gegen
avancer vers qc/qn	Une voiture ~ [2] nous. C'est la police.	auf etw./jdn. zugehen/zukommen
un chasse-neige/des chasse-neige	A la montagne, en hiver, il faut des ~[3].	ein Schneepflug/Schneepflüge
l'électricité *(f.)*	Sans ~[4], les phares ne marchent pas.	die Elektrizität/der Strom
éclairer qc	Les phares ~[5] la route.	etw. erleuchten
là-bas	Monsieur Petit habite ici? – Non, il habite ~, en face.	da hinten/dort (drüben)
un mur	[F] = <u>un</u> ~ ←→ [D] = *<u>eine</u> Mauer*	eine Mauer/Wand
une tuile		ein Dachziegel/eine Dachpfanne
Dieu *(m.)* [djø]	Je crois en ~.	Gott
Mon Dieu, …	~, quel terrible spectacle!	Mein Gott/Oh Gott, …
près de qc	La tour Eiffel est ~ de la Seine.	nahe bei/neben etw.
découvrir qc	→ la découverte	etw. entdecken
un veau/des veaux	~ est une bête gentille, je trouve.	ein Kalb/Kälber
mort/morte [mɔr/mɔrt]	Elle n'a plus de père. Il est ~[6].	tot
une vache	Le veau reste près de la ~.	eine Kuh
un trou	Je ne peux plus porter ce jean. Il a ~.	ein Loch
la panique	Il n'y a plus d'électricité. C'est ~!	die Panik/Angst
se passer	Il y a souvent des accidents qui ~[7] au coin de cette rue.	geschehen/sich ereignen
Qu'est-ce qui se passe?	~? Pourquoi est-ce que tu cries comme ça?	Was geht hier vor?/Was ist los?
Marcel		*männl. Vorname*
se lever	≠ se coucher	aufstehen
réveiller qn [reveje]	C'est l'heure de se lever. Va ~ les enfants.	jdn. aufwecken
s'habiller [sabije]	Les petits enfants ne peuvent pas ~ seuls.	sich anziehen
Pendant qu'ils s'habillaient, …		Während sie sich anzogen, …
une aide	→ aider qn	eine Hilfe
un troupeau/des troupeaux	Cet agriculteur a un grand ~ de vaches.	eine Herde/Herden
sauver qn/qc	Elle est dans une situation dangereuse. Il faut la ~.	jdn./etw. retten
formidable	Cette fille sait tout faire. Elle est ~.	toll

---

[1] Arrêtez – [2] avance vers – [3] chasse-neige – [4] électricité – [5] éclairent
[6] mort – [7] se passent

Exercices

1	**apprendre qc**	etw. lernen/erfahren
4	**se laver**	sich waschen
6	**un oncle**	ein Onkel
7	**comme**	da/weil *(Konjunktion)*
	un ski	ein Ski
	faire du ski	Ski fahren
	une piste	eine Piste
8	**une revue**	eine Zeitschrift/Revue
9	**rassurer qn**	jdn. beruhigen

Révisions

Verbes

annoncer j'ai annoncé	J'annonce, nous annonçons
Ebenso: avancer	
s'inquiéter je me suis inquiété(e)	je m'inquiète, nous nous inquiétons, ils/elles s'inquiètent
découvrir j'ai découvert	je découvre, tu découvres, il/elle/on découvre, nous découvrons, vous découvrez, ils/elles découvrent
se lever je me suis levé(e)	je me lève, nous nous levons, ils/elles se lèvent
apprendre j'ai appris	j'apprends, tu apprends, il/elle/on apprend, nous apprenons, vous apprenez, ils/elles apprennent

Avoir peur – Rassurer qn

– **Mon Dieu, c'est dangereux!**	– Mein Gott, das ist gefährlich!
– **Ne t'inquiète pas.**	– Beunruhige dich nicht.
– **J'ai peur.** **Ça me fait peur.** **J'ai le trac.** *(fam.)*	– Ich habe Angst. Das macht mir angst. Ich habe Bammel. *(ugs.)*
– **Rassure-toi.** **Il ne faut pas avoir peur.** **Ça va aller.** **Ce n'est rien.** **Ce n'est pas grave.**	– Beruhige dich. Du brauchst keine Angst zu haben. Es wird schon gehen. } Das ist nicht schlimm.

Demander de l'aide – Proposer son aide

– **Au secours!**	– Hilfe!
– **Je vais appeler une ambulance.**	– Ich rufe einen Krankenwagen.
– **J'ai un problème.**	– Ich habe ein Problem.
Tu peux m'aider, s'il te plaît?	Kannst du mir bitte helfen?
Je cherche de l'aide.	Ich suche/brauche Hilfe.
– **Bien sûr, je peux t'aider.**	– Natürlich kann ich dir helfen.
Si tu veux, je vais ...	Wenn du willst, werde ich ...

Les animaux de la ferme

1	**un chat**	eine Katze
2	**un chien**	ein Hund
3	**une souris**	eine Maus
4	**un coq**	ein Hahn
5	**une poule**	ein Huhn
6	**une vache**	eine Kuh
7	**un veau**	ein Kalb
8	* **un mouton**	ein Schaf
9	* **un cheval/des chevaux**	ein Pferd/Pferde
10	* **un cochon**	ein Schwein

* Wörter, die hier zur Vervollständigung zusätzlich erwähnt werden.
Sie werden in den folgenden Lektionen nicht als bekannt vorausgesetzt.

LEÇON 8

Le baiser

une pâtisserie [ynpatisri]	Une boulangerie peut être en même temps ~.	eine Konditorei
une boulangerie-pâtisserie	Cela s'appelle ~.	eine Bäckerei und Konditorei
la Bretagne [labrətaɲ]		die Bretagne
un port		ein Hafen
Concarneau	~ a un port.	*Hafenstadt in der Bretagne*
l'Autriche *(f.)* [lotriʃ]		Österreich
un Autrichien/une Autrichienne	Les ~[1] vivent en Autriche.	ein Österreicher/eine Österreicherin
Emilie		*weibl. Vorname*
chez qui	La copine ~ elle est s'appelle Hélène.	*hier:* bei dem/der
un croissant [ɛ̃krwasɑ̃]	J'aime bien manger des ~[2] au petit déjeuner.	ein Croissant/(Butter)-Hörnchen
frais/fraîche [frɛ/frɛʃ]	J'achète des croissants ~[3] le dimanche.	frisch
un boulanger/ une boulangère	→ une boulangerie	ein Bäcker/ eine Bäckerin
surprendre qn	Tu es sûr que c'est vrai? Tu me ~[4].	jdn. überraschen
s'amuser [samyze]	≠ travailler	sich amüsieren
un plat [ɛ̃pla]	F = <u>un</u> ~ ←→ D = <u>*eine*</u> *Platte*	*hier:* eine Platte mit Gebäck
une vitrine	J'aime beaucoup regarder les ~[5] des magasins.	das Schaufenster; *hier:* die Auslage
un truc *(fam.)*	→ une chose	ein Ding/eine Sache *(ugs.)*
s'appeler	Je ~[6] Emilie.	heißen
Ça s'appelle **bien** …, non?		Das heißt doch …, oder?
une meringue [ynmərɛ̃g]	Dans cette pâtisserie, il y a des bonnes ~[7].	ein Baiser/eine Meringe
un baiser [ɛ̃beze]	Tu m'aimes? Alors, je veux ~.	ein Kuss
Bons baisers de …		Viele Grüße und Küsse aus …

Exercices

2 **exprimer par**		ausdrücken durch
pratique		praktisch
identique		identisch/gleich
un/une partenaire [ɛ̃/ynpartənɛr]		ein Partner/eine Partnerin

[1] Autrichiens – [2] croissants – [3] frais
[4] surprends – [5] vitrines – [6] m'appelle
[7] meringues

B Le café

les Vosges *(f.,pl.)* [levoʒ]	~ sont des montagnes.	die Vogesen
un camp [ɛ̃kɑ̃]	Il aime passer ses vacances dans ~ de jeunes.	ein Lager
franco-allemand/ franco-allemande	Strasbourg se trouve à la frontière ~[1].	deutsch-französisch
un camp de jeunes franco-allemand		ein deutsch-französisches Jugendlager
une excursion	~ est une très longue promenade.	ein Ausflug
Il **en** revient.	Il va en Autriche? – Non, ~.	Er kommt von dort zurück.
un moniteur/une monitrice	Dans un camp de jeunes, il y a ~[2].	ein Betreuer/eine Betreuerin
un timbre	Pour envoyer une lettre, il faut ~.	eine Briefmarke
Je n'**y** ai pas pensé.	Tu as acheté des boissons? – Non, ~.	Ich habe nicht daran gedacht.
une cigarette		eine Zigarette
Le Royal		*hier: Name eines „café"*
le tabac [lətaba]	L'alcool et ~ sont dangereux pour les jeunes ... et pour leurs parents.	der Tabak
un café-tabac	On peut acheter ses timbres dans ~.	*(frz. „café" mit einer Verkaufsstelle für Tabakwaren und Postartikel)*
On peut **y** acheter des timbres.		Man kann dort Briefmarken kaufen.
une télécarte	Téléphoner avec ~, c'est pratique.	eine Telefonkarte
On y va?	Il est l'heure. Alors, ~?	Gehen wir?
offrir qc à qn [ɔfrir]	Il m'a ~[3] une cigarette. Mais j'ai dit non.	jdm. etw. anbieten
Je t'offre un coca.	Viens. ~.	Ich spendiere dir eine Cola.
un gâteau/des gâteaux [ɛ̃gato]	Pour acheter des bons~ [4], il faut aller dans une pâtisserie.	ein Kuchen/Kuchen
un salon de thé	Dans ~, on peut boire un café et manger des gâteaux.	*entspricht einem deutschen Café*

B Exercices

3 **Colmar** [kɔlmar]		*Stadt im Elsass*

[1] franco-allemande – [2] des moniteurs et des monitrices – [3] offert – [4] gâteaux

C Chez le médecin

un médecin [ɛ̃mɛdsɛ̃]	Elle est très malade. Il faut appeler ~.	ein Arzt
la Vendée		die Vendée *(Gegend in Westfrankreich, an der Atlantikküste gelegen)*
Lucerne [lysɛrn]		Luzern
la Suisse [lasɥis]	Lucerne est une ville en ~[1].	die Schweiz
se réveiller	Grand-père ~[2] toujours tôt.	aufwachen
le cœur [ləkœr]	Elle est bonne. Elle a du ~.	das Herz
qn a mal au cœur		jdm. ist schlecht/übel
vomir [vɔmir]		sich übergeben/brechen
une tisane [yntizan]	Grand-mère ne prend pas de thé. Elle préfère ~.	ein Kräutertee
le lendemain [ləlɑ̃dmɛ̃]		der/am nächsten Tag
le lendemain matin	Nous sommes arrivés tard. Mais ~, je suis tout de suite allé faire les courses.	der/am nächsten Morgen
devoir faire qc	→ les devoirs	etw. tun müssen
devoir qc à qn	Voilà les 20 francs que je te ~[3].	jdm. etw. schulden
Elle a dû trop manger.	Elle a mal au cœur. ~.	Sie hat wohl/vermutlich zu viel gegessen.
un docteur [ɛ̃dɔktœr]	→ un médecin	ein Doktor/Arzt
Bernard		*hier:* Familienname
recevoir qn/qc [rəsəvwar]	Les Sorel ont bien ~[4] leur nouvelle locataire.	jdn./etw. empfangen
faire comprendre qc à qn	Il ne fait rien. Tu dois lui ~ qu'il faut travailler.	jdm. etw. begreiflich machen
examiner qn [ɛgzamine]	Le docteur ~[5] le malade.	jdn. untersuchen
la fièvre [lafjɛvr]	J'ai très chaud. Je crois que j'ai de ~.	das Fieber
se baigner	L'eau n'est pas trop froide. On peut ~.	(sich) baden; *hier:* ins Wasser/schwimmen gehen
sourire	Elle est très malade. Elle ~[6] quand même.	lächeln
un comprimé	Prenez ~ après chaque repas.	eine Tablette
l'envie de vomir	Ce comprimé est contre ~.	der Brechreiz
une recette [ynrəsɛt]	Tu ne sais pas faire la cuisine? Alors, je t'offre un livre de ~[7].	ein (Koch)Rezept
un pharmacien/une pharmacienne		ein Apotheker/eine Apothekerin
un médicament	Un pharmacien vend des ~[8].	ein Medikament
une ordonnance	Le pharmacien: «Pour ce médicament, il faut ~.»	ein (Arzt)Rezept
une feuille de soins [ynfœjdəswɛ̃]		ein (ärztlicher) Behandlungsschein
une assurance	Quand on achète une voiture, il faut prendre ~.	eine Versicherung

[1] Suisse – [2] se réveille – [3] dois
[4] reçu – [5] examine – [6] sourit
[7] recettes – [8] médicaments

le remboursement	Pour ~, il faut envoyer la feuille de soins à l'assurance.	die Erstattung
une pharmacie	→ le pharmacien/la pharmacienne	eine Apotheke
une église [ynegliz]	Tous les dimanches matin, il va à l'~.	eine Kirche
la poste [lapɔst]		die Post
une consultation	Heures de ~[1]: 14h à 16h, sauf le mercredi et le samedi.	eine Sprechstunde/eine (ärztliche) Untersuchung

C Exercices

4	**un classement**	eine Rangfolge/Tabelle
5	**le garçon**	*hier:* der Kellner
6	**un questionnaire**	ein Fragebogen
7	**correct/correcte** [kɔrɛkt]	korrekt, richtig

Révisions

Verbes

offrir j'ai offert	j'offre, tu offres, il/elle/on offre, nous offrons, vous offrez, ils/elles offrent
Ebenso:	**ouvrir** – j'ai ouvert
devoir j'ai dû	je dois, tu dois, il/elle/on doit, nous devons, vous devez, ils/elles doivent
recevoir j'ai reçu	je reçois, tu reçois, il/elle/on reçoit, nous recevons, vous recevez, ils/elles reçoivent

[1] consultation

LEÇON 9

A Vive les vacances …

Vive … !	~ la France!	Es lebe(n) … !
une remorque	Derrière la voiture, il y a ~.	ein Anhänger
c'est … qui	Tu as gagné? – Non, ~ Serge ~ a gagné.	*dient zur Betonung und Hervorhebung von Subjekten*
un lapin	~ mange des carottes.	ein Kaninchen
un hamster [ɛ̃amstɛr]		ein Hamster
un voyage [ɛ̃vwajaʒ]	Bon ~!	eine Reise
une côte		eine Küste
la côte atlantique	Brest est sur ~.	die Atlantikküste
Hossegor [ɔsgɔr]		*frz. Stadt an der Atlantikküste*
Pitou		*hier: Name eines Hundes*
être à qn	La boulangerie ~ [1] boulanger.	*hier:* jdm. gehören
appartenir à qn	→ être à qn	jdm. gehören
Il **va et vient.**	Pourquoi est-ce qu'~ devant le magasin?	*hier:* Er läuft hin und her.
Paul et Paule [pɔlepol]		*hier:* Namen von Hamstern
Stéphane		*männl. Vorname*
une cage [ynkaʒ]	Le lapin est dans ~.	ein Käfig
Bâle [bal]		Basel
l'argent de poche *(m.)*	Tes parents te donnent combien d'~ par semaine?	das Taschengeld
Benoît [bənwa]		*männl. Vorname*
lui		*hier: unverbundenes Personalpronomen der 3. Person Singular, maskulin*
ne … pas non plus	Je n'aime pas ce plat. Lui, il ~ l'aime ~.	auch nicht
c'est encore moi qui …	Je n'ai pas de chance. ~ suis le dernier.	ich bin es (schon) wieder, der/die …
énerver qn	Le bruit des camions m'~[2].	jdn. aufregen
se disputer	Ne vous ~[3] pas. Ça m'énerve.	sich streiten
elle		*hier: unverbundenes Personalpronomen der 3. Person Singular, feminin*
de toute façon	Tu veux rester? – ~, moi, je pars.	auf jeden Fall/wie dem auch sei

[1] est au – [2] énerve – [3] disputez

c'est … que	Qui est-ce que tu cherches? – ~ Ludo ~ je cherche.	*dient zur Hervorhebung und Betonung von Objekten und adverbialen Bestimmungen*
un camping [ɛ̃kɑ̃piŋ]	Les Costa passent leurs vacances sur ~.	ein Campingplatz
un bouchon	Le 1er août, il y a ~[1] partout en France.	ein (Verkehrs)Stau
un million [ɛ̃miljõ]	[F] = *un* ~ ←→ [D] = *eine Million*	eine Million
prendre la route	Il ne faut pas ~ le 1er août.	sich auf die Reise/den Weg machen
la mer [lamɛr]	J'aime bien les vacances au bord de ~.	das Meer
un lac	Les campings sont souvent au bord d'~.	ein See
un pin [ɛ̃pɛ̃]	[F] = *un* ~ ←→ [D] = *eine Pinie*	eine Pinie/Kiefer
une habitude	Se lever tard est ~ mauvaise ~ .	eine Gewohnheit
eux [ø]		*unverbundenes Personalpronomen der 3. Person Plural, maskulin*
se promener [səprɔmne]	→ une promenade	spazieren gehen
basque		baskisch
la pelote basque [lapəlɔtbask]		das Pelotaspiel *(baskischer Nationalsport)*
une balle	[F] = *une* ~ ←→ [D] = *ein Ball*	ein Ball
si	Ne cours pas ~ vite.	so
une plage [ynplaʒ]	Sur la côte atlantique, il a y des belles ~[2].	ein Strand
l'Atlanticlub		*hier: Name eines Strandclubs, in dem Kinder und Jugendliche während der Ferien den Tag verbringen können*
le surf [ləsœrf]		das Wellenreiten
une glace	Quand il fait chaud, on mange ~.	ein Eis
Ça y est?	~? – Oui, j'ai fini.	*hier:* Klappt's?
savoir faire qc	Je prends le volant? – Oui, si vous ~[3] conduire.	etw. tun können *(wissen, wie es geht)*
pouvoir faire qc	Je ne ~[4] pas conduire. J'ai une main dans le plâtre.	etw. tun können *(in der Lage sein etw. zu tun)*
la santé	Se promener est bon pour ~.	die Gesundheit
se moquer de qn [səmɔke]	Il y a des élèves qui ~[5] leur professeur.	sich über jdn. lustig machen
un écomusée		ein Freilichtmuseum

[1] des bouchons – [2] plages – [3] savez
[4] peux – [5] se moquent de

A Exercices

1 **un jeu de rôles**		ein Rollenspiel
distribuer qc		etw. verteilen
2 **un sketch**		ein Sketsch
le départ		die Abfahrt/der Aufbruch
7 **une excuse**		eine Entschuldigung

B Le journal de Fabienne

un journal/des journaux	Qu'est-ce que tu as écrit dans ton ~?	eine Zeitung/Zeitungen; *hier:* ein (Reise)-Tagebuch
tenir un journal	Beaucoup de jeunes ~[1].	ein Tagebuch führen/schreiben
le retour	→ retourner	die Rückkehr
une vague	Pour le surf, il faut des ~[2].	eine Welle
emporter qc	Se laisser ~ par les vagues, ça peut être dangereux.	etw. mitnehmen/wegtragen
la vitesse	La police fait des contrôles de ~[3].	die Geschwindigkeit
à toute vitesse	Conduire ~ est dangereux.	mit höchster Geschwindigkeit
plus beau que	Paris est ~ Lille, je trouve.	schöner als
quoi	A ~ est-ce que tu penses?	was
Je ne sais pas **quoi** dire.	Tu trouves ce film plus beau que l'autre? – ~.	Ich weiß nicht, was ich sagen soll.
Je ne sais pas **à quoi** comparer ça.		Ich weiß nicht, womit ich das vergleichen soll.
arriver à faire qc	Tu m'aides? Je n'~[4] ouvrir cette fenêtre.	gelingen etw. zu tun
surveiller qn [syrveje]	A la plage, il faut ~ les petits enfants.	jdn. überwachen
les CRS [leseɛrɛs]		*Spezialeinheit der frz. Polizei, die auch für die Überwachung der Strände zuständig ist*
moins bon que	Tu aimes ce gâteau? – Oui, mais il est ~ l'autre.	weniger gut/schlechter als
un nageur/une nageuse [ɛ̃naʒœr/ynnaʒøz]	Les CRS surveillent ~[5].	ein Schwimmer/eine Schwimmerin
le danger [lədɑ̃ʒe]	→ dangereux/dangereuse	die Gefahr
l'adresse *(f.)*		die Geschicklichkeit
aussi sympa que	Mes nouveaux copains sont ~ les vieux.	ebenso sympathisch wie
un pays [ɛ̃pei]	Tu viens de quel ~? – Je viens de France.	ein Land
le Pays Basque [ləpeibask]	Au ~, on joue à la pelote basque.	das Baskenland

[1] tiennent un journal – [2] vagues
[3] vitesse – [4] arrive pas à – [5] les nageurs

9 VOCABULAIRE

Biarritz [bjarits]		*frz. Stadt im Baskenland, an der Atlantikküste gelegen*
un championnat du monde	Les Allemands ont gagné trois fois le ~ de football.	eine Weltmeisterschaft
une personne	Mille ~[1] sont venues.	eine Person
j'étais venu(e)		ich war gekommen
un Espagnol/une Espagnole		ein Spanier/eine Spanierin
Dax		*frz. Stadt, nordöstlich von Biarritz*
la «feria» [laferja]		*Volksfest in Dax*
la plus grande fête	La Feria de Dax est ~ de l'été.	das größte Fest
une course	→ courir	ein Rennen
landais/landaise		der Landschaft „Les Landes" zugehörig
une course landaise		*z. T. akrobatische, z. T. lustige Vorführung mit Kühen*
une arène		eine Arena
un saut [ɛ̃so]	Il a fait ~ de 5 mètres. Ce n'est pas mal.	ein Sprung
le meilleur/la meilleure ...	Même ~ professeur ne sait pas tout.	der/die/das beste ...
un sauteur	→ le saut	ein Springer
une corrida [ynkɔrida]		ein Stierkampf
tuer qn	Notre chien est mort. Quelqu'un l'~[2].	jdn. töten
un taureau/des taureaux [ɛ̃tɔro]	Dans une corrida, on tue des ~[3].	ein Stier/Stiere
un siècle [ɛ̃sjɛkl]	100 ans, c'est ~.	ein Jahrhundert
autrefois	~, il n'y avait pas de CD.	früher

B Exercices

4 **la Loire** [lalwar]		die Loire *(Fluss in Frankreich)*
l'Elbe *(f.)* [lɛlb]		die Elbe
le Mont-Blanc		der Mont-Blanc *(höchster Berg Frankreichs und Europas, 4807 m hoch)*
haut/haute [o/ot]		hoch
un fleuve [ɛ̃flœv]		ein Fluss
6 **un argument** [ɛ̃nargymɑ̃]		ein Argument

[1] personnes – [2] a tué – [3] taureaux

Révisions

Verbes

se promener je me suis promené(e)	je me promène, nous nous promenons, ils/elles se promènent

Activités de vacances

aller à la plage	an den Strand gehen
* **bronzer** [brõze]	(sich) bräunen/braun werden
se baigner	(sich) baden/baden gehen
faire du surf	surfen
* **faire de la planche à voile**	windsurfen
* **faire de la voile**	segeln
faire des promenades	spazieren gehen
faire des excursions	Ausflüge machen
* **faire de la randonnée**	wandern
* **faire de l'alpinisme**	bergsteigen

* Wörter, die hier zur Vervollständigung zusätzlich erwähnt werden.
Sie werden in den folgenden Lektionen nicht als bekannt vorausgesetzt.

En France

Les vacances en France

Frankreich ist in 3 Ferienzonen eingeteilt. Die Ferien werden in den 3 Zonen so gegeneinander gestaffelt, dass z. B. nicht alle Schüler Frankreichs gleichzeitig in die Skigebiete drängen.
An Weihnachten gibt es 14 Tage Ferien *(vacances de Noël)*. In der Zeit von Mitte Februar bis Mitte März liegen gestaffelt die 14-tägigen *vacances d'hiver*. Nach Ostern sind dann 14 Tage *vacances de printemps*. Die Sommerferien *(vacances d'été/grandes vacances)* dauern für alle Schüler von Anfang Juli bis Anfang September. Schließlich gibt es um Allerheiligen noch 10 Tage Herbstferien *(vacances de la Toussaint)*. Die Ferien insgesamt sind also etwas länger als in Deutschland. Dabei ist aber zu berücksichtigen, dass junge Franzosen an vier Nachmittagen in der Woche Schule haben.

La course landaise

Beim spanischen Stierkampf, der auch in Portugal und Südfrankreich betrieben wird, werden die Stiere getötet. Daneben haben sich in der Camargue und im Südwesten Frankreichs unblutige Formen des Stierkampfs entwickelt, die eher Geschicklichkeitsspiele darstellen. In den *Landes* hat man die Stiere durch flinke Kühe ersetzt, die der „Kämpfer" zum Angriff reizt, um ihnen dann im letzten Augenblick durch gewagte Sprünge geschickt auszuweichen.

⟨Chansons et poèmes⟩

Tu viens de loin

le monde	die Welt
la joie [laʒwa]	die Freude/das Vergnügen
heureusement [œrøzmɑ̃]	glücklicherweise
t'as fait *(fam.)* = tu as fait	du hast gemacht *(ugs.)*
faire du chemin	eine tüchtige Strecke zurücklegen
le soleil [ləsɔlɛj]	die Sonne
une frontière	eine Grenze
une guerre [yngɛr]	ein Krieg
ta vie passée	dein vergangenes Leben
danser sur ma musique	nach meiner Musik tanzen
un air [ɛ̃nɛr]	eine Melodie

Il pleut

il fait du soleil	die Sonne scheint
il se fait tard	es wird spät
se faire beau/belle	sich schön machen

L'enfant au walkman

un walkman [ɛ̃wɔkman]	ein Walkman
l'enfant au walkman	das Kind mit dem Walkman
même pas	nicht einmal
(il n'a) pas besoin de faire qc [... bəzwɛ̃ ...]	er braucht etw. nicht zu tun
une idole [ynidɔl]	ein Idol
s'envoler	weg-/davonfliegen
on dirait que ...	man würde sagen, dass/es scheint, dass ...
planer	*hier:* schweben/abgehoben sein
un ciel de cellophane *(f.)* [... selɔfan]	ein Himmel aus Zellophan
un décibel	ein Dezibel *(Maßeinheit zur Lautstärkenmessung)*
une onde	eine Welle
parallèle	parallel
un héros/une héroïne [ɛ̃ero/ynerɔin]	ein Held/eine Heldin
l'avenir *(m.)* [lavnir]	die Zukunft
un sourire	ein Lächeln
grandir	größer werden/wachsen

Confusion

la confusion [lakõfyzjõ]	die Verwirrung
une folie	eine Verrücktheit
un corps [ɛ̃kɔr]	ein Körper
une lèvre	eine Lippe
la solitude [lasɔlityd]	die Einsamkeit
la lassitude	die Müdigkeit
le désespoir	die Verzweiflung
j'en ai marre *(fam.)*	ich habe die Nase voll *(ugs.)*
l'âme *(f.)*	die Seele
un coin d'âme [ɛ̃kwɛ̃dam]	*hier:* ein Zufluchtsort in der Seele
un chagrin	ein Kummer
une larme	eine Träne
un entêtement [ɛ̃nɑ̃tɛtmɑ̃]	ein Eigensinn/eine Eigensinnigkeit
un sentiment	ein Gefühl
un désir	ein Wunsch/Begehren
une envie	*hier:* ein Verlangen
une plume	eine Feder
brûler d'envie de faire qc	darauf brennen etw. zu tun
tout ce que [tuskə]	alles, was
la peau [lapo]	die Haut
dedans	darin
vraiment	wirklich
présent	*hier:* gegenwärtig

LISTE DES MOTS

- Die Zahlen verweisen auf das erstmalige Vorkommen der Wörter, z. B. **coûter I8A**,4 = Band I, Leçon 8 A, Exercice 4.
- **N** = D'une leçon à l'autre (Band I)/D'un texte à l'autre (Band II); **P** = En plus
- Das Zeichen ⟨ ⟩ bedeutet, dass das Wort an dieser Stelle nur fakultativ eingeführt und in den folgenden Lektionen nicht vorausgesetzt wird.
- Grammatische Basiswörter (z. B. die Personalpronomen *je, tu,* ...), die Wörter der *Chansons et poèmes*-Seiten (Band I, S. 99; Band II, S. 97 und 98), des Quartetts (Band I, S. 109–114), des Rezepts (Band II, S. 103) sowie die auf den Text- und Übungsseiten in Fußnoten erklärten Wörter werden in der folgenden Liste nicht aufgeführt.

A

à I 1 *verschiedene Bedeutungen, z. B. räumlich:* in, nach *(+Ziel); zeitlich:* bis, um
à deux **I 5**,13 zu zweit
à table **I 6A** bei/am Tisch
C'est à qui? **I 8A** Wer ist an der Reihe?
C'est à moi. **I 8A** Ich *(betont)* bin an der Reihe.
être à qn **II 9A** *hier:* jdm. gehören
accepter qc II 4A etw. akzeptieren
un accident II 3B ein Unfall
accorder qc I 7B,3 etw. angleichen
une accusation II 1C eine Anklage/Anschuldigung
accuser qn II 1B jdn. anklagen
acheter qc I 8B etw. kaufen
une action I 8B eine Aktion
l'activité *(f.)* **II 6B** die Tätigkeit; *hier:* der Betrieb
admirer qn II 1B jdn. bewundern
un adolescent/une adolescente II 5A ein Jugendlicher/eine Jugendliche
un/une ado *(fam.)* **II 5A** ein Jugendlicher/eine Jugendliche *(ugs.)*
adorer qc I 4 etw. sehr gern mögen
l'adresse *(f.)* **II 9B** die Geschicklichkeit
s'**adresser à qn II 7** sich an jdn. wenden
un Africain/une Africaine II 1A ein Afrikaner/eine Afrikanerin
l'âge *(m.)* **I 5**,6 das Alter
Tu as quel âge? **I 5**,6 Wie alt bist du?
un agent de police I 9B,9 ein Polizeibeamter
agressif/agressive II 1A aggressiv, angriffslustig
un agriculteur/une agricultrice II 5B ein Landwirt/eine Landwirtin
Ah! I 4 Ah!/Ach!/Oh!
Ah non, alors! **I 5** Also nein!
une aide II 7 eine Hilfe
aider qn I 7A jdm. helfen
aider qn à faire qc **II 2B** jdm. helfen etw. zu tun
Aïe! I 6B Au!/Aua!
aimer qn I 2B jdn. lieben/mögen
aimer bien qc **I 4** etw. gern mögen
aimer mieux qc **I 4** etw. lieber mögen
aimer la télé **I 5** gern fernsehen/Fernsehen mögen
aimer faire qc **I 7B** etw. gern tun
ajouter qc I 7B,7 etw. hinzufügen
l'alcool *(m.)* **II 4A** der Alkohol
l'allemand I 6B,1 das Deutsche/die deutsche Sprache
en allemand **I 2A** auf Deutsch
allemand/allemande I 9B deutsch
aller I 7A gehen/fahren
Ça va? **I 2B** Wie geht's?/Geht's (dir) gut?
Ça va. **I 2B** Es geht (mir) gut.
Je vais très bien. **I 7A** Es geht mir sehr gut.
aller au collège **I 7A** auf das „Collège" gehen
aller chez qn **I 7A** zu jdm. *(nach Hause)* gehen
Allez, ... **I 7B** Los, ...
aller faire qc **I 8B** etw. tun werden
aller chercher qn **II 3A** jdn. (ab)holen
aller chercher qc **II 4B** etw. holen (gehen)
Il va et vient. **II 9A** *hier:* Er läuft hin und her.
Allô? I 6B Hallo? *(am Telefon)*
alors I 2A nun/jetzt/dann
Et alors? **I 2B** Na und?
Mince alors! *(fam.)* **I 3B** Mist!/Verflixt noch mal! *(ugs.)*
Ah non, alors! **I 5** Also nein!
Ça alors! **I 6A** Na, so was!/Donnerwetter!
ou alors **II 1A** oder aber/oder auch
l'alphabet *(m.)* **I 9A**,9 das Alphabet
l'altitude *(f.)* **II 6B** die Höhe *(über dem Meeresspiegel)*
prendre de l'altitude **II 6B** an Höhe gewinnen
à 1350 mètres d'altitude **II 6B** auf 1350 m Höhe
une ambiance I 9A eine Stimmung/Atmosphäre
une ambulance II 3B ein Krankenwagen
un ami/une amie I 3B ein (guter) Freund/eine (gute) Freundin
Amicalement ... I 7A Herzliche Grüße ... *(Abschlussformel im Brief)*
être **amoureux/amoureuse (de qn) II 2A** (in jdn.) verliebt sein
amusant/amusante I 10B unterhaltend, belustigend
s'**amuser II 8A** sich amüsieren
un an I 4 ein Jahr
avoir quatorze ans **I 5** vierzehn Jahre alt sein
l'anglais I 6B,1 das Englische/die englische Sprache
un animal/des animaux I 8B,6 ein Tier/Tiere
une année II 1A ein Jahr
un anniversaire I 4 ein Geburtstag
fêter l'anniversaire **I 4** (den) Geburtstag feiern
annoncer qc II 7 etw. ankündigen
août *(m.)* **II 1C** August
un appartement I 2B eine Wohnung
appartenir à qn II 9A jdm. gehören
un appel II 5B ein Aufruf/*(telefonischer)* Anruf
appeler qn I 8B jdn. rufen/anrufen
s'**appeler II 8A** heißen
Je m'appelle ... **I 1** Ich heiße .../Mein Name ist ...
Tu t'appelles ... **I 1** Du heißt ...
Il/Elle s'appelle ... **I 3A** Er/Sie/Es heißt ...
l'appétit *(m.)* **II 4B** der Appetit
apporter qc I 3B etw. (mit)bringen

LISTE DES MOTS

apprendre qc II 7,1 etw. lernen/ erfahren
apprendre par cœur **I ⟨5N⟩** auswendig lernen
après I 6A nach/danach
un après-midi I 9A ein Nachmittag
un arbre I 4 ein Baum
un architecte I 2B,2 ein Architekt
une arène II 9B eine Arena
l'argent *(m.)* **II 7** das Geld
l'argent de poche *(m.)* **II 9A** das Taschengeld
un argument II 9B,6 ein Argument
arrêter qc/qn II 7 etw./jdn. anhalten
s'arrêter **II 7** anhalten
arrêter de faire qc **II 7** aufhören etw. zu tun
arriver I 3B (an)kommen
arriver à faire qc **II 9B** gelingen etw. zu tun
un artichaut I 8A eine Artischocke
un article II 6B ein Artikel
un ascenseur I 7B ein Aufzug
assez (de) I 8A genug/genügend
une assiette II 4B ein Teller
une assurance II 8C eine Versicherung
un atelier II 1A eine Werkstatt/ein Atelier
un atelier-boutique **II 1A** ein Atelier mit Verkauf
attaquer qc I 7B etw. angreifen/etw. anbrechen/einer Sache zu Leibe rücken
attendre qn I 7A auf jdn. warten/ jdn. erwarten
l'attention *(f.)* **I 3B** die Aufmerksamkeit
Attention! **I 3B** Vorsicht!/Achtung!
Au revoir! I 1 Auf Wiedersehen!
au-dessus de qc II 6B über/oberhalb von etw.
un auditeur/une auditrice II 5A ein Hörer/eine Hörerin
augmenter qc I 8A etw. erhöhen
aujourd'hui I 3A heute
aussi I 3A auch
aussi sympa que **II 9B** ebenso sympathisch wie
l'automne *(m.)* **II 1A** der Herbst
en automne **II 3A,**8 im Herbst
un/une automobiliste II 3B ein Autofahrer/eine Autofahrerin
autour de qc II 6B um etw. herum
un autre soir I 6A ein anderer Abend/an einem anderen Abend
autre chose II 3A etw. anderes
avoir autre chose à faire **II 3A** etw. anderes zu tun haben
autrefois II 9B früher
un Autrichien/une Autrichienne II 8A ein Österreicher/eine Österreicherin
avancer vers qc/qn II 7 auf etw./ jdn. zugehen/zukommen
avancer de huit cases **I ⟨7N⟩** acht Felder vorrücken
avant II 1B vor *(zeitlich)*/vorher
avec I 1 mit
un avis II 4A eine Meinung
à mon avis **II 4A** meiner Meinung nach
Je ne suis pas de ton avis. **II 4A** Ich bin nicht deiner Meinung.
avoir *(1.-3. Ps. Sg.)* **I 5,** *(1.-3. Ps. Pl.)* **I 6A** haben
avoir quatorze ans **I 5** vierzehn Jahre alt sein
Tu as quel âge? **I 5,**6 Wie alt bist du?
avoir un six **I ⟨7N⟩** eine Sechs haben *(beim Würfeln)*
J'ai froid. **II 6B** Mir ist kalt.
avril *(m.)* **II 3A,**8 April

B

une baguette I 3B eine Baguette *(frz. Stangenweißbrot)*
se **baigner II 8C** (sich) baden; *hier:* ins Wasser/schwimmen gehen
un baiser II 8A ein Kuss
Bons baisers de ... **II 8A** Viele Grüße und Küsse aus ...
baisser qc II 4A etw. (ab)senken; *hier:* leiser stellen
une balle II 9A ein Ball
un ballon II 6A ein Ballon
un ballon I 3B ein Ball
un ballon de foot **I 7A** ein Fußball
une banane I 8A eine Banane
une bande I 6B eine Bande
une BD (bande dessinée)/des BD I 2A ein Comic(Heft)/Comics
basque II 9A baskisch
un bateau-mouche/des bateaux-mouches I 10A *Schiff, mit dem Besichtigungsfahrten auf der Seine in Paris durchgeführt werden*
un bâtiment I 7B ein Gebäude
bavarder I 3B plaudern/sich unterhalten
beau/bel/belle II 1A schön
Il fait beau (temps). **II 6B** Es ist schön(es Wetter).
beaucoup I 7A viel
merci beaucoup **I 7B** vielen Dank
beaucoup (de) **I 8A** viel(e) *(bei Mengen)*
une béquille I 7B eine Krücke
une bête II 7 ein Tier
les bêtes **II 7** *hier:* das Vieh
bête I 1 dumm/blöde
Il est bête comme ses pieds. *(fam.)* **II 2C** Er ist strohdumm. *(ugs.)*
une bêtise I 9A eine Dummheit/ein Unfug
Beurk! *(fam.)* **I 9A** Igitt! *(ugs.)*
le beurre II 4A,5 die Butter
un bidule *(fam.)* **I 4** ein Dingsbums *(ugs.)*
bien I 7A gut *(Adverb)*
aimer bien qc **I 4** etw. gern mögen
Eh bien, ... **I 10A** Nun, ...
Ça s'appelle bien ..., non? **II 8A** Das heißt doch ..., oder?
Bien sûr! I 4 Sicher!/Na klar!
A **bientôt! I 1** Bis bald!
Bienvenue! I 1 Herzlich willkommen!
la bière II 4A das Bier
un billet I 8A ein Schein/Geldschein
un billet de 50 F **I 8A** ein Fünfzigfrancsschein
un billet de cinéma **I 10A** eine Kinokarte
une bise *(fam.)* **I 9B** ein Kuss *(ugs.)*
faire la bise à qn *(fam.)* **I 9B** jdn. mit Wangenkuss begrüßen *(ugs.)*
bizarre I 9A seltsam/komisch
blanc/blanche II 1A,3 weiß
bleu/bleue II 1A,3 blau
blond/blonde II 2C,1 blond
bloquer qn/qc II 3B jdn./etw. blockieren
un blouson II 1A eine Jacke/ein Blouson
Bof! *(fam.)* **I 6A** Na ja!/Ach! *(Ausdruck der Gleichgültigkeit, ugs.)*
boire qc II 4B etw. trinken
une boisson II 4A ein Getränk
une boîte I 8A eine Dose/Schachtel/ Kiste
une boîte de «Ronron» **I 8A** eine Dose „Ronron“ *(Katzenfutter)*
une boîte *(fam.)* **II 1A** eine Firma *(ugs.)*
la «Boîte à idées» **II 1A** die „Ideenkiste“; *hier:* Name einer Firma

bon/bonne I 9A gut
Bon. **I 6A** Gut./Also gut.
le bon ordre **I 6B,** 7 die richtige Reihenfolge
Bonne chance! **II 2B** Viel Glück!
bon marché *(inv.)* **II 1A** preiswert, billig
Bonjour! I 1 Guten Tag!
donner le bonjour à qn **II 2A** jdm. Grüße ausrichten/jdn. grüßen
un bord I 9A ein Ufer
à **bord I 10B** an Bord
une boucherie I 3A eine Metzgerei/Fleischerei
un bouchon II 9A ein (Verkehrs)-Stau
un boulanger/une boulangère II 8A ein Bäcker/eine Bäckerin
une boulangerie I 3A eine Bäckerei
une boulangerie-pâtisserie II 8A eine Bäckerei und Konditorei
une boum *(fam.)* **II 4A** eine Fete *(ugs.)*
Boum! I 3B Bums!
bousculer qn II 1B jdn. anrempeln
une bouteille I 8A eine Flasche
une bouteille d'eau **I 8A** eine Flasche Wasser
Bravo! I 6B Bravo!
briller II 6B scheinen
le bruit II 4A der Lärm/das Geräusch
brun/brune II 2A braun/dunkelhaarig
un grand brun **II 2A** ein großer Dunkelhaariger
le buffet II 4A das Büfett
un bureau/des bureaux II 3A ein Arbeitszimmer, Büro/Arbeitszimmer, Büros
un bus I 7B ein (Auto)Bus

C

ça I 4 das
Ça va? **I 2B** Wie geht's?/Geht's (dir) gut?
Ça va. **I 2B** Es geht (mir) gut.
C'est ça. **I 2B** Genau!/Das stimmt!
Ça alors! **I 6A** Na, so was!/Donnerwetter!
Et avec ça? **I 8A** Sonst noch etwas?
Ça y est? **II 9A** *hier:* Klappt's?
un cadeau/des cadeaux I 7A ein Geschenk/Geschenke
un café I 3A eine Kneipe
le café II 4A der Kaffee
un café-tabac II 8B *(frz. „café" mit einer Verkaufsstelle für Tabakwaren und Postartikel)*
une cage II 9A ein Käfig
un cahier I ⟨**2N**⟩ ein Heft
un/une camarade I 9B ein Kamerad/eine Kameradin
un camion II 3B ein LKW/Lastwagen
la camomille II 4B, 2 die Kamille
un camp II 8B ein Lager
un camp de jeunes franco-allemand **II 8B** ein deutsch-französisches Jugendlager
la campagne II 5B das Land *(im Gegensatz zur Stadt)*
un camping II 9A ein Campingplatz
un Canadien/une Canadienne II 3B, 7 ein Kanadier/eine Kanadierin
une cantine I 9A eine Kantine
une capitale I 9B eine Hauptstadt
un carnet I 10A ein Heft/Fahrkartenblock
une carotte I 8A, 4 eine Karotte/Möhre
une carte I 7B eine Karte
jouer aux cartes **I 7B** Karten spielen
une carte postale I 9A, 8 eine Postkarte
une carte en relief II 6B eine Reliefkarte
un carton I 2A ein Karton
une case I ⟨**7N**⟩ ein Spielfeld *(bei Brettspielen)*
une case spéciale **I** ⟨**7N**⟩ ein besonderes Feld/Spezialfeld
un casque I 6A ein Sturz-/Schutzhelm
une cassette I 4 eine (Musik)Kassette
une catastrophe II 1B eine Katastrophe
une cathédrale I 10B eine Kathedrale
une caverne II 3A eine Höhle
un CD/des CD I 4 eine CD/CDs
ce/c' I 1 das *(z. B. in „c'est ... " = das ist ...)*
C'est ça. **I 2B** Genau!/Das stimmt!
C'est à qui? **I 8A** Wer ist an der Reihe?
C'est à moi. **I 8A** Ich *(betont)* bin an der Reihe.
ce/cet/cette/ces II 1A diese(r), dieses *(Demonstrativbegleiter)*
en ce moment **I 7A** im Augenblick/zur Zeit
cet été **II 1B** dieser Sommer/in diesem Sommer
ce/cet/cette/ces ... -là **II 1B** der/die/das ... .da/dort
ces derniers temps **II 6A** in der letzten Zeit
cela II 3A das
un centre d'entraînement II 2A ein Trainingszentrum
le centre-ville II 3B das Stadtzentrum
une cerise II 4A eine Kirsche
une chaîne hi-fi II 4B eine Hi-Fi-/Stereoanlage
une chambre I 2A ein (Schlaf)Zimmer
un champion/une championne I 6B ein (Welt)Meister/eine (Welt)-Meisterin/ein Champion
un championnat du monde II 9B eine Weltmeisterschaft
la chance II 2A die Chance/Gelegenheit/das Glück
Bonne chance! **II 2B** Viel Glück!
La chance a tourné. **II 2B** Das Glück hat sich gewendet.
avoir de la chance de faire qc **II 7** Glück haben, dass man etw. tut
changer I 10A wechseln/umsteigen
changer qc II 5A, 1 etw. ändern
une chanson II 2A, 2 ein Lied
chanter II 5B singen
un chanteur/une chanteuse II 5A ein Sänger/eine Sängerin
un chapitre II 5B ein Kapitel
chaque II 2A jeder/jede/jedes *(+Nomen)*
un chasse-neige/des chasse-neige II 7 ein Schneepflug/Schneepflüge
un chat I 8A eine Katze
chaud/chaude II 6B warm, heiß
Il fait chaud. **II 6B** Es ist warm/heiß.
un chemin I 7B, 6 ein Weg
demander son chemin (à qn) **I 7B,** 6 (jdn.) nach dem Weg fragen
une chemise II 1A ein Hemd
un chemisier II 1A, 3 eine Bluse
cher/chère I 7A lieber/liebe/liebes
Cher Laurent **I 7A** Lieber Laurent *(Anrede im Brief)*
Chers tous, ... **II 1C** Ihr Lieben *(Anrede im Brief)*

LISTE DES MOTS

cher/chère II 1A teuer
chercher qn/qc I 2B jdn./etw. suchen
aller chercher qn **II 3A** jdn. (ab)holen
aller chercher qc **II 4B** etw. holen (gehen)
chéri/chérie I 2A Liebling
un cheveu/des cheveux II 2C ein Haar/Haare
avoir les cheveux courts **II 2C** kurze Haare haben
chez I 4 bei
aller chez qn **I 7A** zu jdm. *(nach Hause)* gehen
chez qui **II 8A** *hier:* bei dem/der
chic *(inv.)* **II 1A** schick
un chien I 8B ein Hund
un choc I 3B ein Schock/Zusammenstoß
le chocolat I 7A die Schokolade
en chocolat **I 7A** aus Schokolade
choisir qc II 4B etw. wählen/aussuchen
le chômage II 6A die Arbeitslosigkeit
être au chômage **II 6A** arbeitslos sein
chouette *(fam.)* **I 10B** prima/klasse *(ugs.)*
le ciel II 6A der Himmel
une cigarette II 8B eine Zigarette
le cinéma I 10A das Kino
la circulation II 7 der Verkehr/das Fahren
un citron I 8A,4 eine Zitrone
un clafoutis aux cerises II 4A *Süßspeise aus Eierkuchenteig und Kirschen*
une classe I 3A,2 eine Klasse
en classe **I 3A,**2 in der Klasse
avoir classe **I 9A** Unterricht/Schule haben
un jour de classe **I 9B** ein Schultag
un classement II 8C,4 eine Rangfolge/Tabelle
un client/une cliente I 8A ein Kunde/eine Kundin
un clown I 6B ein Clown
un club I 6A ein Klub/Verein
un club d'écriture **I 9A** ein Schreibklub
le coca II 4A die Cola
un cocktail de bienvenue II 4B ein Begrüßungs-/Willkommenscocktail
le cœur II 8C das Herz
qn a mal au cœur **II 8C** jdm. ist schlecht/übel
un coin II 4B eine Ecke
une collection II 1A eine Kollektion/Sammlung
un collège I 7A ein „Collège“ *(weiterführende Schule für alle 11-15-j. Schüler; entspricht der Sek. I)*
un/une collègue II 7 ein Kollege/eine Kollegin
combien (de) I 8A wie viel(e)
combien de temps? **I 8A** wie lange?
comme I 4 wie
Qu'est-ce que tu fais comme sport? **II 2A** Was für Sport treibst du?
comme II 7,7 da/weil *(Konjunktion)*
comme plat principal **II 4A** als Hauptgericht
comme ça II 2A so/auf diese Weise
commencer qc I 8B etw. anfangen/beginnen
commencer par qc **II 3A** mit etw. anfangen/beginnen
commencer à faire qc **II 7** anfangen/beginnen etw. zu tun
comment I 1 wie
Et toi, tu t'appelles comment? **I 1** Und du *(betont)*? Wie heißt du?
Comment ça va? **I 5** Wie geht's (dir/Ihnen)?
un commerçant/une commerçante I 3B ein Händler/eine Händlerin
comparer qc II 4B etw. vergleichen
compliqué/compliquée I 10A kompliziert
comprendre qc I 7B etw. verstehen
faire comprendre qc à qn **II 8C** jdm. etw. begreiflich machen
un comprimé II 8C eine Tablette
un/une comptable I 4 ein Buchhalter/eine Buchhalterin
compter qc I 4 zählen
un concert I 8B ein Konzert
un conducteur/une conductrice I 4 ein Fahrer/eine Fahrerin
un conducteur de TGV **I 4** ein TGV-Lokführer
conduire II 6B fahren
une connaissance I 9A eine Bekanntschaft
faire la connaissance de qn **I 9A** die Bekanntschaft von jdm. machen/jdn. kennen lernen
connaître qn/qc II 3A jdn./etw. kennen
construire qc II 6B etw. (er)bauen
une consultation II 8C eine Sprechstunde/eine (ärztliche) Untersuchung
content/contente I 10A zufrieden, glücklich
être content/contente de faire qc **II 1C** zufrieden, glücklich sein etw. zu tun
continuer II 2B fortfahren/weitermachen
continuer à faire qc **II 4A** fortfahren, etw. zu tun/etw. weitermachen
le contraire II 6B,2 das Gegenteil
au contraire **II 6B,**2 im Gegenteil
contre II 5A (da)gegen
la contribution II 4A der Beitrag/Anteil
mettre qn à contribution **II 4A** *hier:* jdn. auffordern etw. mitzubringen
un contrôle I 9A eine Kontrolle/Leistungsüberprüfung
un contrôle de géographie **I 9A** ein Erdkundetest
un copain/une copine *(fam.)* **I 3B** ein Freund/eine Freundin *(ugs.)*
un coq II 4A ein Hahn
du coq au vin **II 4A** *Huhn in Weinsoße*
un correspondant/une correspondante I 9A ein Brieffreund/eine Brieffreundin/ein Austauschpartner/eine Austauschpartnerin
un/une corres *(fam.)* **I 9A** ein Brieffreund/eine Brieffreundin *(ugs.)*
une corrida II 9B ein Stierkampf
corriger qc I 9B,1 etw. korrigieren/verbessern
une côte II 9A eine Küste
la côte atlantique **II 9A** die Atlantikküste
un côté II 5A eine Seite
à ses côtés **II 5A** neben ihm/ihr
à **côté I 3A** nebenan/daneben
à côté de **I 8B** neben
se **coucher II 7** sich hinlegen/schlafen legen
une couleur II 1A eine Farbe
une cour I 3B ein Hof
courir II 1B laufen/rennen
un cours I 9A eine Unterrichtsstunde
une course II 9B ein Rennen
une course landaise **II 9B** *z. T. akrobatische, z. T. lustige Vorführung mit Kühen*

les courses *(f., pl.)* **I 8A** die Einkäufe/Besorgungen
faire les courses **I 8A** (die) Einkäufe machen/einkaufen gehen
court/courte II 2C kurz
un cousin/une cousine I 10A ein Cousin/eine Cousine
un couteau/des couteaux II 4B ein Messer/Messer
coûter I 8A,4 kosten
une couverture II 3A eine Decke/Bettdecke
un crayon I ⟨**2N**⟩ ein Bleistift
un créateur/une créatrice II 1A ein Schöpfer/eine Schöpferin
créer qc II 5B etw. erschaffen/bilden/gründen
crier I 5 schreien
critiquer qn II 5A jdn. kritisieren
croire qn/qc II 5A jdm./etw. glauben
un croissant II 8A ein Croissant/(Butter)Hörnchen
une cuillère II 4B ein Löffel
une cuisine I 2A eine Küche
faire la cuisine **I 6A** kochen

D

d'abord I 7B zuerst/zunächst
d'accord I 2B einverstanden/o.k.
d'habitude II 6B normalerweise
une dalle I 6B eine Steinplatte/eine Terrasse/ein großer Vorplatz
une dame I 7B eine Dame
le danger II 9B die Gefahr
dangereux/dangereuse I 6B gefährlich
dans I 2A in
rentrer dans un arbre **II 6A,**5 gegen einen Baum fahren
la danse II 6A,4 der Tanz
danser II 4B tanzen
un danseur/une danseuse II 6A,4 ein Tänzer/eine Tänzerin
une date II 3A,8 ein Datum
la date de naissance II 5B,5 das Geburtsdatum
un dé I 4,2 ein Würfel
jouer aux dés **I 4,**2 würfeln
Jetez le dé. **I** ⟨**7N**⟩ Werft den Würfel!/Würfelt!
de/d' I 2A *Hauptbedeutung:* von
le début II 6A der Anfang/Beginn
au début (de qc) **II 6A** am Anfang/zu Beginn (von etw.)

un débutant/une débutante II 2A ein Anfänger/eine Anfängerin
décembre *(m.)* **II 3A,**8 Dezember
décider qc II 4A etw. beschließen/entscheiden
décider de faire qc **II 4A** beschließen etw. zu tun
une découverte II 3B eine Entdeckung/Erkundung
partir à la découverte de qc **II 3B** etw. erkunden gehen
découvrir qc II 7 etw. entdecken
décrire qc à qn I 9B,6 jdm. etw. beschreiben
un degré II 6B,1 ein Grad
Il fait dix degrés. **II 6B,**1 Es sind zehn Grad.
déjà I 7A schon
un déjeuner II 4A ein Mittagessen
demain I 5,4 morgen
demander I 2B,4 fragen/bitten
demander qc à qn **I 5** jdn. etw. fragen
demander son chemin (à qn) **I 7B,**6 (jdn.) nach dem Weg fragen
demander à qn si ... **II 2B** jdn. fragen, ob ...
demander pardon à qn **II 2B** jdn. um Verzeihung/Entschuldigung bitten
demander à qn de faire qc **II 3A,**1 jdn. darum bitten etw. zu tun
une démonstration I 6A eine Vorführung
une démonstration de slalom **I 6A** eine Slalomvorführung
le départ II 9A,2 die Abfahrt/der Aufbruch
dépenser qc II 7 etw. ausgeben
depuis I 4 seit
déranger qn II 3A jdn. stören
dernier/dernière II 1A letzter, letzte, letztes
ces derniers temps **II 6A** in der letzten Zeit
derrière I 8B (da)hinter
descendre I 8B aussteigen
désirer qc I 8A etw. wünschen
le dessert II 4A der Nachtisch
un dessin I 10A,6 eine Zeichnung
dessiner I 2B,2 zeichnen
un détective I 10A,6 ein Detektiv/eine Detektivin
détester qc I 4 etw. verabscheuen/überhaupt nicht mögen
détruire qc II 6B etw. zerstören
le/la deuxième ... I 7B der/die/das zweite ...

devant I 3B vor *(örtlich)*
devenir qc II 5B etw. werden
deviner qc I 7B,6 etw. erraten
un devoir I 5 eine (Haus)Aufgabe
les devoirs d'anglais **I 7A** die Englisch(haus)aufgaben
devoir qc à qn II 8C jdm. etw. schulden
devoir faire qc **II 8C** etw. tun müssen
Elle a dû trop manger. **II 8C** Sie hat wohl/vermutlich zu viel gegessen.
un dialogue I 1,4 ein Dialog
Dieu *(m.)* **II 7** Gott
Mon Dieu, ... **II 7** Mein Gott/Oh Gott, ...
une différence I 5 ein Unterschied
difficile I 8B schwierig/schwer
dimanche *(m.)* **I 4** Sonntag
un dîner II 3A ein Abendessen
dîner II 7 zu Abend essen
dire qc à qn I 9A jdm. etw. sagen
Dis donc ... **I 9A** Sag mal ...
dire à qn que ... **II 2B** jdm. sagen, dass ...
direct/directe II 5A direkt/unmittelbar
en direct **II 5A** direkt/live
la direction I 10A die Richtung
discuter I 7B sich unterhalten/diskutieren
se disputer II 9A sich streiten
un disque II 5B eine Schallplatte
distribuer qc II 9A,1 etw. verteilen
le divorce II 4A die Scheidung
un docteur II 8C ein Doktor/Arzt
donc II 3A also/folglich
Dis donc ... **I 9A** Sag mal ...
donner qc à qn I 5 jdm. etw. geben
donner le bonjour à qn **II 2A** jdm. Grüße ausrichten/jdn. grüßen
dormir II 2A schlafen
le dos I 10A der Rücken
une douche II 3A eine Dusche
draguer qn *(fam.)* **I 9B** jdn. anmachen *(ugs.)*/mit jdm. flirten
un drap II 3A ein Tuch/Bettlaken
à droite I 7B (nach) rechts
sur votre droite **I 10B** zu Ihrer Rechten/auf der rechten Seite
drôle I 7B lustig/witzig

E

l'eau *(f.)* **I 8A** das Wasser
l'eau minérale *(f.)* **II 4A** das Mineralwasser

éclairer qc II 7 etw. erleuchten
une école I 7A eine Schule
un écomusée II 9A ein Freilichtmuseum
écouter qn/qc I 3B jdm. zuhören/ etw. (an)hören
écrire qc I 9A etw. schreiben
une écriture I 9A eine Schrift/ Handschrift
un club d'écriture **I 9A** ein Schreibklub
une église II 8C eine Kirche
l'électricité *(f.)* **II 7** die Elektrizität/ der Strom
un/une élève I 4,3 ein Schüler/eine Schülerin
embrasser qn II 2A jdn. küssen/ umarmen
une émission II 5A eine Sendung
un emploi II 2A eine Beschäftigung/Arbeitsstelle
un emploi d'informaticienne **II 2A** eine Arbeitsstelle als Informatikerin
un employé/une employée II 1A ein Angestellter/eine Angestellte
emporter qc II 9B etw. mitnehmen/ wegtragen
en I 2A *als Präposition*
en allemand **I 2A** auf Deutsch
en classe **I 3A,**2 in der Klasse
être en forme **I 6B** in Form sein
en chocolat **I 7A** aus Schokolade
en ce moment **I 7A** im Augenblick/zur Zeit
en vacances **I 9A** in Ferien/ im Urlaub
en géographie **I 9A** in Erdkunde
en métro **I 10A** mit der Metro
en patins **I 10B** auf Rollschuhen
en juillet **II 1C** im Juli
en automne **II 3A,**8 im Herbst
en vrai **II 3B** in Wirklichkeit
en ville **II 3B** in der Stadt
en plus **II 4A** außerdem
en direct **II 5A** direkt/live
en 1966 (= dix-neuf cent soixante-six) **II 5B** (im Jahre) 1966
en principe **II 6A** im Prinzip
en réalité **II 6A,**5 in Wirklichkeit
de père en fils **II 7** von Generation zu Generation
en II 4B *als Pronomen*
J'en ai acheté dix bouteilles. **II 4B** Ich habe (davon) zehn Flaschen gekauft.
Il n'y en a plus. **II 4B** Es gibt keinen mehr (davon).
Il en revient. **II 8B** Er kommt von dort zurück.
encore I 2A noch
énerver qn II 9A jdn. aufregen
un enfant I 8B ein Kind
l'enfer *(m.)* **I 6A** die Hölle
avoir un look d'enfer *(fam.)* **I 6A** irre toll aussehen *(ugs.)*
enfin I 6B endlich/schließlich
enlever qc II 4B etw. wegräumen/ wegnehmen/ausziehen *(Kleidung)*
ennuyeux/ennuyeuse II 2C langweilig
ensemble I 2B zusammen/gemeinsam
ensuite I 9A dann/danach
entendre qc II 1B etw. hören
entre II 3A zwischen
une entrée II 3A,2 ein Eingang/ Hausflur
une entrée II 4A eine Vorspeise
une entreprise II 6A ein Unternehmen/Betrieb/eine Firma
entrer I 2A be-/eintreten/hereinkommen
avoir **envie** *(f.)* **I 6B** Lust haben
avoir envie de faire qc **II 2A** Lust haben etw. zu tun
l'envie de vomir **II 8C** der Brechreiz
envoyer qc à qn II 2B jdm. etw. schicken/*hier:* zuwerfen/zuspielen
épeler qc I 9A,9 etw. buchstabieren
une épicerie I 3A ein Lebensmittelgeschäft
un épicier/une épicière I 8A ein Lebensmittelhändler/eine Lebensmittelhändlerin
une époque II 5B eine Epoche/Zeit
à l'époque **II 5B** zu dieser/jener Zeit/damals
une équipe II 1A eine Mannschaft/ ein Team
un Espagnol/une Espagnole II 9B ein Spanier/eine Spanierin
espérer qc II 4B etw. hoffen
espérer faire qc **II 4B** hoffen etw. zu tun
essayer qc II 6A etw. versuchen; *hier:* testen
essayer de faire qc **II 6A** versuchen etw. zu tun
est-ce que I 6B *Frageformel*
et I 1 und
Et alors? **I 2B** Na und?
une étable II 7 ein Stall
un étage I 7B eine Etage/ein Stockwerk
au premier étage **I 7B** im ersten Stock
une étagère I 2A ein Regal(brett)/ Bücherbord
l'été *(m.)* **II 1A** der Sommer
en été **II 3A,8** im Sommer
une étiquette I 2A ein Etikett/ein Aufkleber
un étranger/une étrangère II 1B ein Ausländer/eine Ausländerin
être I 4 sein
je suis **I 1** ich bin
tu es **I 1** du bist
ce sont **I 3A** das/es sind
être à qn **II 9A** *hier:* jdm. gehören
c'est … qui **II 9A** *dient zur Betonung und Hervorhebung von Subjekten*
c'est … que **II 9A** *dient zur Hervorhebung und Betonung von Objekten*
les études *(f., pl.)* **II 3A** das Studium
faire des études **II 3A** studieren
un étudiant/une étudiante II 3A ein Student/eine Studentin
Euh … I 6A Äh … *(Ausdruck des Zögerns)*
exact/exacte II 5B genau, richtig
examiner qn II 8C jdn. untersuchen
excellent/excellente II 6A ausgezeichnet, exzellent
exceptionnel/exceptionnelle II 5B außergewöhnlich
une excursion II 8B ein Ausflug
une excuse II 9A,7 eine Entschuldigung
excuser qn II 1B,6 jdn. entschuldigen
Excuse-moi!/Excusez-moi! **II 1B,**6 Entschuldige!/Entschuldigen Sie!
un exemple I 1,1 ein Beispiel
par exemple **I 3A** zum Beispiel
un exercice I 1 eine Übung
exister I 6A existieren
expliquer qc à qn I 7B,6 jdm. etw. erklären
une expression I 9A,9 ein Ausdruck
exprimer par II 8A,2 ausdrücken durch
extra *(fam.)* **I 4** stark/super *(ugs.)*

F

en **face (de) I 10B** gegenüber (von)
facile I 10A leicht
la façon II 1B die Art

de toute façon **II 9A** auf jeden Fall/wie dem auch sei
avoir **faim** *(f.)* **I 5** Hunger haben
faire qc I 6A etw. machen
Que fait Julien? **I 2A** Was macht Julien?
Deux et deux font quatre. **I 3B** Zwei und zwei sind/macht vier.
Ils font le repas. **I 5** Sie bereiten das Essen zu.
faire la cuisine **I 6A** kochen
faire du sport **I 7A** Sport treiben
faire du patin à roulettes **I 7A** Rollschuh laufen
faire les courses **I 8A** (die) Einkäufe machen/einkaufen
faire la bise à qn *(fam.)* **I 9B** jdn. mit Wangenkuss begrüßen *(ugs.)*
faire des études **II 3A** studieren
Il fait un temps magnifique. **II 6B** Es ist herrliches Wetter.
Il fait chaud. **II 6B** Es ist warm/heiß.
Il fait beau (temps). **II 6B** Es ist schön(es Wetter).
Quel temps fait-il? **II 6B,** 1 Wie ist das Wetter?
Il fait dix degrés. **II 6B,** 1 Es sind zehn Grad.
Il fait moins deux. **II 6B,** 1 Es sind minus zwei (Grad).
faire du ski **II 7,** 7 Ski fahren
faire comprendre qc à qn **II 8C** jdm. etw. begreiflich machen
falloir II 4A brauchen/müssen
il faut qc **II 4A** man braucht etw.
il faut qc à qn **II 4A** jd. braucht etw.
il faut faire qc **II 4A** es ist nötig etw. zu tun/man muss etw. tun
il ne faut pas faire qc **II 4A** man darf/soll etw. nicht tun
une famille I 4 eine Familie
fantastique I 9B, 9 fantastisch/toll
une farce II 3A ein Streich/Scherz
fatigué/fatiguée II 2A müde
une faute I 6B ein Fehler
faire moins de fautes **I** ⟨**9N**⟩ weniger Fehler machen
faux/fausse I 4, 1 falsch
Vrai ou faux? **I 4,** 1 Richtig oder falsch?
un faux I 10A, 6 eine Fälschung
une femme II 1A eine Frau/Ehefrau
une fenêtre II 6A, 3 ein Fenster
une ferme II 7 ein Bauernhof/Gehöft
fermer (qc) I 8B (etw.) schließen
une fête I 8A eine Feier/ein Fest
fêter qc I 4 etw. feiern
une feuille de soins II 8C ein (ärztlicher) Behandlungsschein
février *(m.)* **I 7A** Februar
la fièvre II 8C das Fieber
le filet II 2B das Netz
une fille I 3B ein Mädchen
une jeune fille **II 1B,** 2 ein (junges) Mädchen
une fille II 3A eine Tochter
un film II 1B, 4 ein Film
un fils II 4A ein Sohn
de père en fils **II 7** von Generation zu Generation
la fin I 5, 5 das Ende
à la fin **II 2B** am Ende/schließlich
finir qc II 4B etw. beenden/mit etw. aufhören
Tout est bien qui finit bien. **II 4B** Ende gut, alles gut!
une fleur I 3A eine Blume
un fleuve II 9B, 4 ein Fluss
un flic *(fam.)* **I 9A** ein Polizist *(ugs.)*
flirter avec qn I 9B, 9 mit jdm. flirten
une fois I 10B einmal
le foot(ball) I 7A der Fußball *(als Sportart)*
jouer au foot *(fam.)* **I 3B** Fußball spielen *(ugs.)*
une forêt I 4 ein Wald
la forme I 6B die Form
être en forme **I 6B** in Form sein
formidable II 7 toll
fort/forte II 2B stark, kraftvoll
fou/folle I 10A verrückt
être fou/folle de qn **II 2C** verrückt nach jdm. sein
une fourchette II 4B eine Gabel
frais/fraîche II 8A frisch
une fraise I 8A eine Erdbeere
le franc/F I 8A der Franc *(Währungseinheit)*
en **français I 2A,** 2 auf Französisch
avoir français **I 9A** Französisch *(als Sprache/Unterrichtsfach)* haben
le français standard **I 9B,** 9 das Standardfranzösisch
le français familier **I 9B,** 9 das umgangssprachliche Französisch
un Français/une Française I 7B, 4 ein Franzose/eine Französin
français/française I 9A französisch
franco-allemand/franco-allemande II 8B deutsch-französisch
frapper I 7B klopfen/schlagen
frapper à la porte **I 7B** an die Tür klopfen
un frère I 4 ein Bruder
un frérot *(fam.)* **I 6B** ein Brüderchen *(ugs.)*
des frites *(f., pl.)* **I 8B** Pommes frites *(pl.)*
froid/froide II 6B kalt
J'ai froid. **II 6B** Mir ist kalt.
le fromage II 4A der Käse
un fruit I 3A eine Frucht/Obstsorte

G

gagner qc II 2B etw. gewinnen
Gagné! **I 5,** 1 Gewonnen!
gagner qc II 7 etw. verdienen
gai/gaie II 1A fröhlich, heiter, lustig
un garçon I 3B ein Junge
le garçon II 8C, 5 der Kellner
garder qc I 8B etw. behalten
une gare I 7B, 6 ein Bahnhof
un gâteau/des gâteaux II 8B ein Kuchen/Kuchen
à **gauche I 7B** (nach) links
sur votre gauche **I 10B** zu Ihrer Linken/auf der linken Seite
génial/géniale; *pl.* géniaux/géniales **II 5A** genial, großartig, toll
les gens *(m., pl.)* **I 8A** die Leute
gentil/gentille II 2A nett, freundlich
la géographie I 9A die Erdkunde/Geographie
la géo *(fam.)* **I 9A** die Erdkunde *(ugs.)*
un geste I 10A eine Geste
le gin II 4B der Gin
une glace II 9A ein Eis
une gomme I ⟨**2N**⟩ ein Radiergummi
grand/grande I 9A groß
les grands-parents *(m., pl.)* **I 4** die Großeltern
grave II 1B, 6 schlimm
gris/grise II 1A, 3 grau
un groupe I 2B, 5 eine Gruppe
un groupe de rock **I 4** eine Rockgruppe
un guide I 10B ein (Fremden)Führer
un guide **II 3B** ein Reiseführer *(Buch und Person)*

H

s'**habiller II 7** sich anziehen
habiter I 3A wohnen
Julien habite 10, rue Daguerre. **I 3A** Julien wohnt in der Daguerrestraße 10.

une habitude II 9A eine Gewohnheit
un hamster II 9A ein Hamster
haut/haute II 9B, 4 hoch
Hé! I 2B He!
..., hein? *(fam.)* **I 2B** ..., nicht?/ja?/nicht wahr? *(ugs.)*
une heure I 5 eine Stunde
Il est quelle heure? **I 5** Wie viel Uhr/Wie spät ist es?
Quelle heure est-il? **I 5,** 2 Wie viel Uhr/Wie spät ist es?
Vous avez l'heure? **I 9A,** 2 Wie viel Uhr?/Wie spät ist es?
Il est sept heures. **I 5** Es ist sieben Uhr.
sept heures et quart **I 5** Viertel nach sieben
sept heures et demie **I 5** halb acht
neuf heures moins le quart **I 5** Viertel vor neun
à huit heures **I 5** um acht Uhr
6 heures moins 20 **I 9A** 20 vor 6
une heure de cours **I 9A** eine Stunde Unterricht
C'est l'heure. **I 9B** Es ist Zeit.
c'est l'heure de faire qc **II 1B** es ist Zeit etw. zu tun
hier II 3B gestern
une histoire I 3B, 10 eine Geschichte
histoire-géo *(fam.)* **I 9A** Geschichte-Erdkunde *(als Unterrichtsfach, ugs.)*
l'hiver *(m.)* **II 3A,** 8 der Winter
en hiver **II 3A,** 8 im Winter
un hobby/des hobbys I 10B, 6 ein Hobby/Hobbys
un homme I 8B ein Mann/Mensch
Hop! II 2B Hopp!
un hôpital/des hôpitaux I 4 ein Krankenhaus/Krankenhäuser
un hôtel I 3A ein Hotel
un hôtel II 3B ein herrschaftliches Stadthaus
hurler I 6B schreien

I

ici I 3A, 1 hier
une idée I 4 eine Idee
identique II 8A, 2 identisch/gleich
un idiot/une idiote I 6A ein Idiot/eine Idiotin
il y a I 3A es gibt/es ist/es sind
une île I 10B eine Insel
imiter qn I 10B jdn. nachahmen
un immeuble I 3A ein *(mehrgeschossiges)* Gebäude/Wohnhaus
important/importante II 6A wichtig
quelque chose d'important **II 6A** etwas Wichtiges
impossible I 4 unmöglich
impressionner qn II 2B jdn. beeindrucken
un infirmier/une infirmière I 4 ein Krankenpfleger/eine Krankenschwester
un informaticien/une informaticienne II 2A ein Informatiker/eine Informatikerin
une infusion II 4B, 2 ein Kräutertee
un ingénieur II 2A ein Ingenieur
s'**inquiéter II 7** unruhig werden/sich beunruhigen
un inspecteur I 4 ein Inspektor
un inspecteur de police **I 4** ein Polizeiinspektor
installer qc I 2A etw. aufstellen/anschließen/installieren
un instrument de musique I 7A, 7 ein Musikinstrument
intelligent/intelligente II 2C intelligent
intéressant/intéressante I 9A interessant
intéresser qn I 9B jdn. interessieren
un/une interprète I 8B, 7 ein Dolmetscher/eine Dolmetscherin
une interview I 6A, 2 ein Interview
un invité/une invitée II 4A ein Gast
inviter qn I 8A, 3 jdn. einladen
inviter qn à faire qc **I 10A** jdn. einladen etw. zu tun

J

ne ... **jamais I 10A** nie/niemals
une jambe I 7A ein Bein
un jambon I 10B ein Schinken
janvier *(m.)* **II 3A,** 8 Januar
un jardin I 4 ein Garten
le jaune II 1A das Gelb
jaune II 1A gelb
un jean I 3B eine Jeans/ein Paar Jeans
jeter qc I ⟨7N⟩ etw. werfen
Jetez le dé. **I ⟨7N⟩** Werft den Würfel!/Würfelt!
un jeu/des jeux I 7A, 7 ein Spiel/Spiele
un jeu de rôles **II 9A,** 1 ein Rollenspiel
jeudi *(m.)* **I 9A,** 4 Donnerstag
un/une jeune I 10B ein Jugendlicher/eine Jugendliche
jeune II 1A jung
joli/jolie I 9A hübsch
jouer I 2A spielen
jouer au foot *(fam.)* **I 3B** Fußball spielen *(ugs.)*
jouer aux dés **I 4,** 2 würfeln
jouer du piano **I 7A** Klavier spielen
jouer aux cartes **I 7B** Karten spielen
jouer aux dominos **I 7B,** 2 Domino spielen
un joueur/une joueuse II 2A ein Spieler/eine Spielerin
un jour I 6A ein Tag
un jour de fête **I 8A** ein Feiertag/Festtag
un jour de classe **I 9B** ein Schultag
un journal/des journaux II 9B eine Zeitung/Zeitungen; *hier:* ein (Reise)Tagebuch
tenir un journal **II 9B** ein Tagebuch führen/schreiben
un/une journaliste II 6B ein Journalist/eine Journalistin
une journée I 8B ein Tag/Tagesablauf
une journée d'action **I 8B** ein Aktionstag
juillet *(m.)* **II 1C** Juli
juin *(m.)* **II 3A,** 8 Juni
une jupe II 1A, 3 ein Rock
un jus/des jus II 4A ein Saft/Säfte
un jus de fruits **II 4A** ein Fruchtsaft
un jus de pomme **II 4A** ein Apfelsaft
jusque I 9A bis
jusqu'à 5 heures **I 9A** bis fünf Uhr
juste I 5 gerecht

K

un kilo (de) I 8A ein Kilo
un kilomètre (km) II 2A ein Kilometer
klaxonner II 3B hupen

L

là I 3A, 1 da/dort
ce/cet/cette/ces ... -là **II 1B** der/die/das ... .da/dort *(Demonstrativbegleiter)*

passer par là **II 6A** *hier:* gerade daherkommen
là-bas II 7 da hinten/dort (drüben)
un lac II 9A ein See
laisser I 10A lassen
laisser la parole à qn **II 5A** jdm. das Wort überlassen
Je te laisse. **II 7** *hier:* Ich fahr'/geh' jetzt (mal).
landais/landaise II 9B der Landschaft „Les Landes" zugehörig
une course landaise **II 9B** *z. T. akrobatische, z. T. lustige Vorführung mit Kühen*
un lapin II 9A ein Kaninchen
se **laver II 7,**4 sich waschen
le mercredi **I 9A** mittwochs
le lundi matin **I 9A** montagmorgens
une leçon I 1 eine Lektion
d'une leçon à l'autre **I** ⟨**2N**⟩ von einer Lektion zur anderen
un légume I 3A ein Gemüse
le lendemain II 8C der/am nächsten Tag
le lendemain matin **II 8C** der/am nächsten Morgen
une lettre I 7A ein Brief
se **lever II 7** aufstehen
un licenciement II 6A eine Entlassung
licencier qn II 6A jdn. entlassen
une ligne I 7A,6 eine Linie
la limonade II 4A die Limonade
lire qc I 9B etw. lesen
lire à haute voix **I** ⟨**3N**⟩ laut lesen
une liste I 7B,7 eine Liste
un lit I 2A ein Bett
un livre I ⟨**2N**⟩**, 7A** ein Buch
un livre I 7A ein Buch
un/une locataire II 3A ein Mieter/eine Mieterin
loin I 10A weit
de loin **I 10A** von weitem
au loin **II 7** in der Ferne
long/longue II 2C lang
longtemps II 7 lange
le look *(fam.)* **I 6A** das Aussehen/der „Look" *(ugs.)*
avoir un look d'enfer *(fam.)* **I 6A** irre toll aussehen *(ugs.)*
louer qc II 3A etw. mieten/vermieten
le loyer I 8A die Miete
lundi *(m.)* **I 9A** Montag
les lunettes *(f., pl.)* **I 9B** die Brille
lutter II 7 kämpfen
le lycée II 5B *entspricht der Sek. II/der Oberstufe des Gymnasiums*

M

madame ... I 1 Frau ...
Mme Rigot **I 1** Frau Rigot
mesdames *(f., pl.)* et messieurs *(m., pl.)* **I 6B** meine Damen und Herren
mademoiselle I 1,3 Fräulein
un magasin I 3A ein Geschäft/Laden
magnifique I 10B herrlich/großartig
mai *(m.)* **I 10A** Mai
la main II 4B die Hand
maintenant I 1,3 nun/jetzt
mais I 2A aber
une maison I 4 ein Haus
à la maison **I 4** *(bei uns)* zu Hause
avoir **mal** *(m.)* **I 7B** Schmerzen haben
Tu as mal à la jambe? **I 7B** Hast du Schmerzen im Bein?/Tut dir dein Bein weh?
qn a mal au cœur **II 8C** jdm. ist schlecht/übel
mal I 10B schlecht *(Adverb)*
Pas mal. **I 10B** Nicht schlecht.
prendre mal qc **II 6A** etw. schlecht aufnehmen
malade I 8A krank
une maman I 2A eine Mama/Mutti
manger qc I 8B etw. essen
manifester II 3B demonstrieren
un mannequin II 2A ein Mannequin
manquer I 10B fehlen
Il ne manque rien. **I 10B** Es fehlt nichts.
un marché I 3A ein Markt
un marché aux puces II 3B,6 ein Flohmarkt
marcher II 5B gehen/laufen; *hier:* klappen
mardi *(m.)* **I 9A,**4 Dienstag
une marque II 1A eine Marke
marquer un point II 2B einen Punkt erzielen
marron *(inv.)* **II 1A,**3 (kastanien)-braun
mars *(m.)* **II 3A,**8 März
un match II 2A ein Wettkampf/Spiel
les mathématiques *(f., pl.)* **I 9A** die Mathematik
(les) maths *(fam.)* **I 9A** Mathe *(ugs.)*
une matière II 5B ein (Schul)Fach
un matin I 9A ein Morgen
du matin au soir **II 1A** von morgens bis abends
mauvais/mauvaise I 9A schlecht, böse
méchant/méchante II 2C böse, gemein
un médecin II 8C ein Arzt
un médicament II 8C ein Medikament
le meilleur/la meilleure ... II 9B der/die/das beste ...
un mélange II 4B eine Mischung
même II 5B sogar
le/la même ... I 7A der-/die-/dasselbe ...
un menteur/une menteuse II 1B ein Lügner/eine Lügnerin
mentir à qn II 2A jdn. belügen
la mer II 9A das Meer
Merci. I 3B,10 Danke.
Merci beaucoup. **I 7B** Vielen Dank.
mercredi *(m.)* **I 6B** Mittwoch
la mère I 2A die Mutter
une merguez I 8B *stark gewürzte Bratwurst*
une meringue II 8A ein Baiser/eine Meringe
un métier II 6A ein Beruf
un mètre II 6B ein Meter
le métro I 10A die Metro/U-Bahn in Paris
en métro **I 10A** mit der Metro
mettre qc I 9B etw. legen/setzen/stellen
mettre qn à contribution **II 4A** *hier:* jdn. auffordern etw. mitzubringen
se mettre à faire qc **II 7** anfangen etw. zu tun
un micro I 8B ein Mikrofon
midi I 5,2 zwölf Uhr *(mittags)*
mieux I 7B besser
aimer mieux qc **I 4** etw. lieber mögen
au milieu de qc II 3A in der Mitte von etw.
un million II 9A eine Million
Mince!/Mince alors! *(fam.)* **I 3B** Mist!/Verflixt noch mal! *(ugs.)*
le minitel I 8A,3 *entspricht dem deutschen BTX-System (Bildschirmtext)*
minuit I 5,2 zwölf Uhr *(nachts)*
une minute I 7A eine Minute
mixte II 2A gemischt

moche *(fam.)* **II 2C** hässlich *(ugs.)*
la mode II 1A die Mode
une mode-choc *(fam.)* **II 1A** eine Supermode *(ugs.)*
un modèle II 1A ein Modell
moderne II 6B,3 modern
moi I 1 ich *(betont bzw. ohne Verb)*
Moi, je suis ... **I 1** Ich *(betont)* bin ...
avec moi **I 2B** mit mir
Moi aussi. **I 4** Ich auch.
Il fait **moins** deux. **II 6B,**1 Es sind minus zwei (Grad).
moins bon que II 9B weniger gut/ schlechter als
un mois I 7A ein Monat
un moment I 7A ein Moment/ Augenblick
en ce moment **I 7A** im Augenblick/zur Zeit
un moniteur/une monitrice II 8B ein Betreuer/eine Betreuerin
monsieur ... I 1 Herr ...
M. Lacombe **I 1** Herr Lacombe
mesdames *(f., pl.)* et messieurs *(m., pl.)* **I 6B** meine Damen und Herren
Monsieur le propriétaire **I 8B** *als Anrede:* Sehr geehrter Herr Eigentümer
un monstre II 3A ein Ungeheuer/ Monster
une montagne II 6B ein Berg
à la montagne **II 6B** in den Bergen
monter I 6B,7 steigen
une montgolfière II 6A eine Montgolfiere (*Heißluftballon, benannt nach den Erfindern, den Brüdern Montgolfier)*
montrer qc à qn I 6A jdm. etw. zeigen
un monument I 10B,1 ein (Bau)-Denkmal/Monument
se **moquer de qn II 9A** sich über jdn. lustig machen
mort/morte II 7 tot
un mot I 2B,6 ein Wort
une mousse au chocolat II 4A eine Mousse au chocolat *(Schokoladencreme)*
la moyenne II 5B der Durchschnitt
avoir la moyenne **II 5B** ausreichend stehen/haben *(als Note)*
un mur II 7 eine Mauer/Wand
un musée I 10B ein Museum
la musique I 5,3 die Musik

N

un nageur/une nageuse II 9B ein Schwimmer/eine Schwimmerin
la nature II 6B die Natur
il/elle est **né/née II 5B** er/sie ist geboren
ne ... pas I 5 nicht
ne ... pas de **I 8A** kein(e) *(bei Mengen)*
ne ... plus de **I 8A** kein(e) ... mehr
ne ... jamais **I 10A** nie/niemals
ne ... plus **I 10B** nicht mehr
ne ... rien **I 10B** nichts
ne ... personne **II 5A** niemand
ne ... pas non plus **II 9A** auch nicht
la neige II 7 der Schnee
neiger II 6B schneien
noir/noire I 9B,8 schwarz
un nom I 9A,9 ein Name
un nombre I 8A,2 eine Zahl
Non. I 1 Nein.
Tu es Julien, non? **I 2B** Du bist Julien, nicht wahr?
Moi non. **I 6B,**5 Ich nicht.
Moi non plus. **I 6B,**5 Ich auch nicht.
ne ... pas non plus **II 9A** auch nicht
une note II 5B eine Note
noter qc I 8A,3 etw. notieren
nouveau/nouvel/nouvelle II 1A neu
une nouvelle I 7A eine Nachricht
novembre *(m.)* **II 3A,**8 November
un nuage II 6B eine Wolke
une nuit II 3A eine Nacht
Bonne nuit! **II 3A** Gute Nacht!
un numéro I 6B eine Nummer
un numéro de téléphone **I 8A,**3 eine Telefonnummer
un numéro exceptionnel **II 5B** eine Sondernummer/Sonderausgabe

O

s'**occuper de qn/qc II 7** sich mit jdm./etw. beschäftigen, sich um jdn./etw. kümmern
octobre *(m.)* **II 3A** Oktober
un œil/des yeux II 2C ein Auge/ Augen
aux yeux verts **II 2C** mit grünen Augen
avoir les yeux bruns **II 2C** braune Augen haben
un office du tourisme II 3B,7 ein Verkehrsamt
offrir qc à qn II 8B jdm. etw. anbieten
Je t'offre un coca. **II 8B** Ich spendiere dir eine Cola.
Oh! I 1 Oh!
Oh là là! **I 10A** *hier:* Oh weh!
un oncle II 7,6 ein Onkel
une orange I 8A,4 eine Orange/ Apfelsine
orange *(inv.)* **II 1A,**3 orange
un orangina I 10B eine Orangenlimonade
un ordinateur I 2A ein Computer
une ordonnance II 8C ein (Arzt)Rezept
l'ordre *(m.)* **I 6B,**7 die Reihenfolge
le bon ordre **I 6B,**7 die richtige Reihenfolge
une oreille II 3A ein Ohr
organiser qc I 8B etw. organisieren
un original/des originaux I 10A,6 ein Original/Originale
original/originale; *pl.* originaux/ originales **II 1A** originell, neuartig
où I 2B wo
où **I 3A** wo *(Relativpronomen)*
ou I 2A oder
ou alors **II 1A** oder aber/oder auch
oublier qc I 6A etw. vergessen
Ouf! I 2A Uff!/Puh!
Oui. I 1 Ja.
Eh oui! **I 7B** Nun ja!/In der Tat!
un ouvrier/une ouvrière II 7 ein Arbeiter/eine Arbeiterin
ouvrir qc I 9B etw. öffnen

P

une page I 7A eine Seite
le pain II 4B das Brot
un palais I 10B ein Palast/Schloss
la panique II 7 die Panik/Angst
un pantalon II 1A eine Hose
une pantomime I 3B,8 eine Pantomime
papa I 2A,4 Papa/Vati
un papier II 6B,4 ein Papier
Pâques *(f., pl.)* **I 8A** Ostern
un paquet I 8A ein Paket/Päckchen
un paquet de spaghettis **I 8A** ein Päckchen Spaghetti
par II 3A *Grundbedeutung:* durch
commencer par qc **II 3A** mit etw. anfangen/beginnen

par téléphone **II 5A** telefonisch
passer par là **II 6A** *hier:* gerade daherkommen
exprimer par **II 8A,**2 ausdrücken durch
par exemple I 3A zum Beispiel
par semaine I 9A wöchentlich/pro Woche
un parapente II 6B ein Gleitschirm
un parc II 6B ein Park
parce que I 6A weil
Pardon. I 3B,5 Verzeihung./Entschuldigung.
demander pardon à qn **II 2B** jdn. um Verzeihung/Entschuldigung bitten
les parents *(m., pl.)* **I 4** die Eltern
paresseux/paresseuse II 2C faul
une parfumerie I 3A eine Parfümerie
parler à qn I 7A mit/zu jdm. sprechen
Tu parles à un élève. **I 4,**3 Du sprichst mit/zu einem Schüler.
Parle de toi. **I 4,**8 Sprich über dich.
une parole II 5A ein Wort
laisser la parole à qn **II 5A** jdm. das Wort überlassen
C'est de **la part** de qui? **II 2A,**6 Mit wem spreche ich? *(am Telefon)*
un/une partenaire II 8A,2 ein Partner/eine Partnerin
une partie I 3B,1 ein Teil
une partie I 7B eine Partie/Runde
partir II 2A losgehen/weggehen/abfahren/aufbrechen
partout II 1A überall
ne ... **pas I 5** nicht
pas maintenant **I 5** nicht jetzt/jetzt nicht
ne ... pas de **I 8A** kein(e) *(bei Mengen)*
Pas mal. **I 10B** Nicht schlecht.
ne ... pas non plus **II 9A** auch nicht
une passe II 2B ein Zuspiel/Pass
passer (à la maison) I 4 *(bei jdm. zu Hause)* vorbeigehen/vorbeikommen
passer par là **II 6A** *hier:* gerade daherkommen
passer qc à qn I 7A jdm. etw. geben/überlassen
Je vous le passe. **II 2A,**6 Ich verbinde Sie mit ihm. *(am Telefon)*
passer qc II 5A *hier:* etw. bringen/spielen *(am Radio)*
passer ses vacances I 9A seine/ihre Ferien, seinen/ihren Urlaub verbringen
se **passer II 7** geschehen/sich ereignen
Qu'est-ce qui se passe? **II 7** Was geht hier vor?/Was ist los?
une passion I 7A eine Leidenschaft
des patins *(m.)* à roulettes *(f.)* **I 6B** Rollschuhe
en patins **I 10B** auf Rollschuhen
un patineur/une patineuse I 6A ein Rollschuhläufer/eine Rollschuhläuferin *(auch:* Schlittschuhläufer/in)
une pâtisserie II 8A eine Konditorei
pauvre I 2B arm
payer qc I 8A etw. zahlen/bezahlen
un pays II 9B ein Land
le paysage II 6B die Landschaft
un paysan/une paysanne II 5B ein Bauer/eine Bäuerin
la pelote basque II 9A das Pelotaspiel *(baskischer Nationalsport)*
pendant II 7 während
pendant ce temps **II 7** während dieser Zeit/währenddessen
pendant que II 5B während
penser (à qn) I 8B (an jdn.) denken
tu penses **II 2A** *hier:* natürlich/wie du dir vorstellen kannst
perdre qc I 7A etw. verlieren
le père I 2A der Vater
de père en fils **II 7** von Generation zu Generation
un perroquet I 1 ein Papagei
une personne II 9B eine Person
ne ... **personne II 5A** niemand
petit/petite I 9A klein
le petit déjeuner II 4B,2 das Frühstück
peu (de) I 8A wenig(e)
peu à peu II 6B langsam/allmählich
la peur I 8B die Angst
avoir peur de qn/qc **I 8B** Angst vor jdm./etw. haben
peut-être II 1A vielleicht
un phare II 7 ein Scheinwerfer
une pharmacie II 8C eine Apotheke
un pharmacien/une pharmacienne II 8C ein Apotheker/eine Apothekerin
une photo I 6A ein Foto
prendre une photo **I 10B** ein Foto machen
une phrase I 1,6 ein Satz
un piano I 7A ein Klavier
jouer du piano **I 7A** Klavier spielen
une pièce II 1B ein Teil/Stück
une pièce de tissu **II 1B** ein Stück Stoff/ein Flicken
une pièce II 3A ein Zimmer
un pied I 10A,7 ein Fuß
à pied **I 10A,**7 zu Fuß
Il est bête comme ses pieds. *(fam.)* **II 2C** Er ist strohdumm. *(ugs.)*
Huit heures **pile! I 5** Punkt acht (Uhr)!
un pilote II 6B ein Pilot/eine Pilotin
un pin II 9A eine Pinie/Kiefer
un pion I ⟨**7N**⟩ eine Spielfigur
un pique-nique I 10B ein Picknick
une piste II 7,7 eine Piste
la place I 10B der Platz
une plage II 9A ein Strand
plaire à qn II 1A jdm. gefallen
un plan I 2B,2 ein Plan
le plan du métro **I 10A** der Metroplan
le plastique II 6B,4 das Plastik
en plastique **II 6B,**4 aus Plastik
un plat II 8A *hier:* eine Platte mit Gebäck
le plat principal II 4A das Hauptgericht
le plâtre I 7A der Gips
avoir une jambe dans le plâtre **I 7A** ein Bein in Gips/ein Gipsbein haben
plein/pleine (de qc) II 7 voll (von etw.)
une route pleine de virages **II 7** eine kurvenreiche Straße; *wörtl.:* eine Straße voller Kurven
pleurer I 6A weinen
pleuvoir II 6B regnen
Il pleut. **II 6B** Es regnet.
Moi non **plus. I 6B,**5 Ich auch nicht.
ne ... plus de **I 8A** kein(e) ... mehr
ne ... plus **I 10B** nicht mehr
en plus **II 4A** außerdem
plus tard **II 4B** später
plus intelligent **II 6A** intelligenter
plus beau que **II 9B** schöner als
la plus grande fête **II 9B** das größte Fest
plusieurs *(inv.)* **II 6B** mehrere
un pneu/des pneus II 6A ein Reifen/Reifen
un poème I 4,9 ein Gedicht
un poète II 3B ein Dichter
un point II 2B ein Punkt
marquer un point **II 2B** einen Punkt erzielen
un poisson II 5B,3 ein Fisch

une poissonnerie I 3A ein Fischgeschäft
la police I 4 die Polizei
une pomme I 8A ein Apfel
une pomme de terre I 8A eine Kartoffel
un pont I 10A eine Brücke
un port II 8A ein Hafen
une porte I 7B eine Tür
un porte-monnaie/des porte-monnaie II 1C,3 ein Geldbeutel, Portmonee
porter qc I 2A etw. tragen
une portière II 3B eine Wagentür
poser qc I 2A etw. setzen/stellen/legen
la poste II 8C die Post
un pot II 3B ein Topf/Glas
prendre un pot *(fam.)* **II 3B** einen trinken *(ugs.)*
une poule II 6B ein Huhn
une poule mouillée *(fam.)* **II 6B** ein Angsthase *(ugs.; wörtlich: ein nasses Huhn)*
pour I 2A für
pourquoi I 6A warum
pourtant II 1A dennoch/(und ...) doch
pouvoir I 8A können
pouvoir faire qc **II 9A** etw. tun können *(in der Lage sein etw. zu tun)*
pratique II 8A,2 praktisch
précis/précise II 2B genau
préféré/préférée II 5A bevorzugt, Lieblings-
préférer qc II 4A etw. vorziehen/lieber mögen
préférer faire qc **II 4A** vorziehen etw. zu tun/lieber tun
le premier/la première ... I 7B der/die/das erste ...
le 1er mai **I 10A** der erste Mai
prendre qc I 7B etw. nehmen
prendre la direction ... **I 10A** die Richtung ... nehmen/einschlagen
prendre une photo **I 10B** ein Foto machen
prendre un pot *(fam.)* **II 3B** einen trinken *(ugs.)*
prendre mal qc **II 6A** etw. schlecht aufnehmen
prendre de l'altitude **II 6B** an Höhe gewinnen
prendre la route **II 9A** sich auf die Reise/den Weg machen
un prénom II 3A,4 ein Vorname
la préparation II 4A die Vorbereitung
préparer qc I 5 etw. vorbereiten/bereiten
près de qc II 7 nahe bei/neben etw.
présenter qn à qn I 9B jdm. jdn. vorstellen
presque II 7 fast
un principe II 5A ein Prinzip/Grundsatz
en principe **II 6A** im Prinzip
le printemps II 1B der Frühling
au printemps **II 1B** im Frühling
un prix I 3B ein Preis
un problème I 6B ein Problem
prochain/prochaine II 2A nächster, nächste, nächstes
le prochain match **II 2A** das nächste Spiel
samedi prochain **II 4A** der nächste Samstag/(am) nächsten Samstag
un producteur/une productrice II 5B ein Produzent/eine Produzentin
un professeur I 4,3 ein Lehrer/eine Lehrerin
un/une prof *(fam.)* **I 9A** ein Lehrer/eine Lehrerin *(ugs.)*
un professeur d'allemand **I 9B** ein Deutschlehrer/eine Deutschlehrerin
une promenade I 4 ein Spaziergang
se **promener II 9A** spazieren gehen
promettre qc à qn II 4A jdm. etw. versprechen
prononcer qc I 9A,9 etw. aussprechen
à **propos I 2A** übrigens/apropos
proposer qc à qn II 1A jdm. etw. vorschlagen
proposer à qn de faire qc **II 6A** jdm. vorschlagen etw. zu tun
un/une propriétaire I 8A ein Eigentümer/Besitzer/eine Eigentümerin/Besitzerin
provisoire II 7 provisorisch/vorläufig
le public I 6B das Publikum
la publicité II 6A die Werbung
la pub *(fam.)* **II 6A** die Werbung *(ugs.)*
puis I 3B dann
et puis **I 5** und dann/und außerdem
un pull *(fam.)* **II 1A,3** ein Pulli *(ugs.)*
un puzzle II 1B ein Puzzle
une pyramide I 10B eine Pyramide

Q

la qualité II 1C die Qualität
quand I 6B wann
quand **I 7A** wenn *(zeitlich)*
quand même II 7 trotzdem
trois **quarts II 4B** drei Viertel
un quartier I 3B ein (Stadt)Viertel
la 4e = la quatrième I 9A *Klassenbezeichnung; entspricht dem 8. Schuljahr*
Que ... I 2A Was ..? *(Fragepronomen)*
Que fait Julien? **I 2A** Was macht Julien?
Qu'est-ce que c'est? **I 2A** Was ist das?
Qu'est-ce qu'il y a dans le carton? **I 3A,3** Was ist/befindet sich in dem Karton?
Qu'est-ce que ... ? **I 6B** Was ... ?
Qui est-ce que ... ? **II 4B** Wen ... ?
Qu'est-ce qui ... ? **II 5B** Was ... ?
que II 3A den/die/das *(Relativpronomen, Objekt)*
c'est ... que **II 9A** *dient zur Hervorhebung und Betonung von Objekten*
que *(im Vergleich)* **II 9B**
plus beau que **II 9B** schöner als
moins bon que **II 9B** weniger gut/schlechter als
aussi sympa que **II 9B** ebenso sympathisch wie
... que ... I 6B ..., dass ... *(Konjunktion)*
dire à qn que ... **II 2B** jdm. sagen, dass ...
quel(s)/quelle(s) II 1A welcher/welche/welches *(Fragebegleiter)*
Quel monstre! **II 3A** Was für ein Monster!
quelques II 6A einige (wenige)/ein paar *(+Nomen)*
une question I 1,5 eine Frage
un questionnaire II 8C,6 ein Fragebogen
Qui ... ? I 1 Wer ... ? *(Fragepronomen)*
Qui est-ce? **I 1** Wer ist das?
Qui est-ce que ... ? **II 4B** Wen ... ?
Qui est-ce qui ... ? **II 5B** Wer ... ?
qui II 3A der/die/das *(Relativpronomen, Subjekt)*
chez qui **II 8A** *hier:* bei dem/der
c'est ... qui **II 9A** *dient zur Betonung und Hervorhebung von Subjekten*

une quiche II 4B ein Speckkuchen
quitter qn/qc I 3B jdn./etw. verlassen
Ne quittez pas. **II 2A,**6 Bleiben Sie am Apparat. *(am Telefon)*
quoi II 9B was
Je ne sais pas quoi dire. **II 9B** Ich weiß nicht, was ich sagen soll.
Je ne sais pas à quoi comparer ça. **II 9B** Ich weiß nicht, womit ich das vergleichen soll.

R

raconter qc I 3B,10 etw. erzählen
la radio I 6B,5 das Radio
avoir **raison II 5A** Recht haben
ranger qc II 6A,2 etw. aufräumen
rassurer qn II 7,9 jdn. beruhigen
rater qc I 6B etw. verfehlen
rater un virage **I 6B** aus der Kurve fliegen
rater une chance **II 2A** eine Gelegenheit verpassen
réagir II 4B reagieren
la réalité II 6A,5 die Wirklichkeit/Realität
en réalité **II 6A,**5 in Wirklichkeit
la réception I 7B die Rezeption/der Empfang
une recette II 8C ein (Koch)Rezept
recevoir qn/qc II 8C jdn./etw. empfangen
recommencer qc I ⟨7N⟩ etw. wieder/neu anfangen
recommencer à zéro **I ⟨7N⟩** wieder von vorn/bei null beginnen
une récréation I 9A eine Pause
une récré *(fam.)* **I 9A** eine Pause *(ugs.)*
reculer I ⟨7N⟩ rückwärts gehen/zurückgehen
réfléchir II 4B überlegen
regarder qc I 2A etw. sehen/ansehen/betrachten
une région II 6A eine Gegend/Region
la règle du jeu I ⟨7N⟩ die Spielregel
le relief II 6B das Relief
le remboursement II 8C die Erstattung
remettre qc I 9B etw. verschieben/verlegen
une remorque II 9A ein Anhänger
rencontrer qn II 3B jdn. treffen/jdm. begegnen
un rendez-vous I 6B eine Verabredung/ein Termin
avoir rendez-vous **I 6B** eine Verabredung haben
rendre qc à qn I 7A jdm. etw. (zurück)geben
rendre service à qn **I 7A** jdm. einen Dienst erweisen/helfen
rendre visite à qn **I 7B** jdn. besuchen
les renseignements *(m.)* **II 2A,**6 *hier:* die (Telefon)Auskunft
rentrer I 3B heimgehen/heimkommen
rentrer dans un arbre **II 6A,**5 gegen einen Baum fahren
réparer qc II 7 etw. reparieren
un repas I 2B ein Essen/eine Mahlzeit
répéter qc I 9A etw. wiederholen
répondre à qn I 7A jdm. antworten
une réponse I 2B,3 eine Antwort
un reporter II 6B ein Reporter/eine Reporterin
se **reposer II 7** sich erholen/ausruhen
ressembler à qc I 6B,1 einer Sache ähneln
un restaurant I 3A ein Restaurant
rester I 4 bleiben
un résumé II 2A,1 ein Resümee/eine Zusammenfassung
le retour II 9B die Rückkehr
retourner II 2A zurück-/umkehren/wieder hingehen
retrouver qc II 1C etw. wiederfinden; *hier:* die Arbeit in etw. wieder aufnehmen
Il va vite retrouver Nathalie. **II 2B** Er geht schnell zu Nathalie.
réussir à faire qc II 4B gelingen etw. zu tun/etw. fertig bringen
un rêve II 5B ein Traum
réveiller qn II 7 jdn. aufwecken
se réveiller **II 8C** aufwachen
revenir II 2A zurückkommen/wiederkommen
rêver I 8B träumen
une revue II 7,8 eine Zeitschrift/Revue
le rez-de-chaussée II 3A das Erdgeschoss
ne … **rien I 10B** nichts
Ce n'est rien. **II 1B** Das macht nichts.
rien de nouveau **II 2A** nichts Neues
rigoler *(fam.)* **I 7A** lachen/Spaß haben *(ugs.)*
rimer I 4,9 sich reimen
rire II 5A lachen
le riz II 4A der Reis
le rock I 4 der Rock/die Rockmusik
un rôle II 4A,1 eine Rolle
un roman I 9A ein Roman
un roman policier **I 9A** ein Kriminalroman
rouge II 1A rot
une route II 6A eine (Land)Straße
prendre la route **II 9A** sich auf die Reise/den Weg machen
roux/rousse II 2C,1 rothaarig
une rue I 1 eine Straße
la rue Daguerre **I 3A** die Daguerrestraße

S

un sac I 4,7 ein Sack/eine Tasche
un sac à dos **I 10A** ein Rucksack
une saison II 3A,8 eine Jahreszeit
une salade de fruits I 9B,7 ein Obstsalat
une salade de riz II 4B ein Reissalat
un saladier II 4B eine Salatschüssel
une salle à manger II 3A ein Esszimmer
une salle de bains I 2B ein Badezimmer
une salle de séjour I 2B ein Wohnzimmer
un salon II 3A ein Wohnzimmer
un salon de thé II 8B *entspricht einem deutschen Café*
Salut! *(fam.)* **I 1** Grüß dich!/Hallo! *(ugs.)*
Salut! *(fam.)* **I 1** Tschüs! *(ugs.)*
Salut, les copains! *(fam.)* **I 7B** Hallo, Freunde! *(ugs.)*
samedi *(m.)* **I 9A** Samstag/Sonnabend
un sandwich I 10B ein Sandwich/belegtes Brot
un sandwich au jambon **I 10B** ein Sandwich mit Schinken
le sang II 3A das Blut
sans I 6B ohne
sans arrêt **I 9A** unaufhörlich/dauernd
la santé II 9A die Gesundheit
la sauce II 6B die Soße
sauf II 3A außer
un saut II 9B ein Sprung
sauter II 2B springen
un sauteur II 9B ein Springer
sauver qn/qc II 7 jdn./etw. retten
savoir qc I 10A etw. wissen/können

savoir faire qc **II 9A** etw. tun können *(wissen, wie es geht)*
une scène I 1,8 eine Szene
une séance II 5A eine Sitzung
une séance de travail **II 5A** eine Arbeitssitzung
Au **secours! I 2B** Hilfe!
un self-service I 9A ein Selbstbedienungsrestaurant
un self *(fam.)* **I 9A** ein(e) Selbstbedienungskantine/-restaurant *(ugs.)*
une semaine I 9A eine Woche
sentir qc II 5A etw. fühlen/riechen
septembre *(m.)* **II 3A,8** September
sérieux/sérieuse II 5B gewissenhaft, seriös; *hier:* fleißig
un service II 2B *hier:* eine Angabe/ein Aufschlag *(beim Sport)*
une serviette I ⟨**2N**⟩ eine Schultasche/Aktentasche
une serviette II 4B eine Serviette
seul/seule II 7 allein
seulement I 6A nur
Si. I 5 Doch.
si II 9A so
si II 7 wenn/falls
si II 2B ob
demander à qn si … **II 2B** jdn. fragen, ob …
un siècle II 9B ein Jahrhundert
signer qc I 8B etw. unterschreiben
le silence I 9B die Stille/Ruhe
s'il te plaît I 2B,4 bitte *(wenn man jdn. duzt)*
s'il vous plaît I 4,3 bitte *(wenn man mehrere Personen anspricht oder jdn. siezt)*
la situation II 7 die Situation
un skateboard I 3B ein Skateboard
un sketch II 9A,2 ein Sketsch
un ski II 7,7 ein Ski
faire du ski **II 7,7** Ski fahren
un skieur/une skieuse II 6B ein Skifahrer/eine Skifahrerin
un slalom I 6A ein Slalom
une sœur I 2B eine Schwester
une sœurette *(fam.)* **I 5** ein Schwesterchen *(ugs.)*
avoir **soif** *(f.)* **I 5** Durst haben
un soir I 6A ein Abend
le soir **I 8A** abends
du matin au soir **II 1A** von morgens bis abends
le soleil II 6B die Sonne
sonner I 8A klingeln/läuten
une sorte de qc II 5A,1 eine Sorte/Art von etw.
une sortie II 1B ein Ausgang; *hier:* ein Markteintritt
sortir (de qc) II 2A (aus etw.) hinausgehen/-fahren; ausgehen
sortir avec qn **II 2A** mit jdm. „gehen“ *(eng befreundet sein)*
sourire II 8C lächeln
une souris I 2B eine Maus
sous I 10A,6 unter
souvent I 4 oft
des spaghettis *(m., pl.)* **I 8A** Spaghetti *(Plural)*
un spectacle II 6A eine Vorstellung; *hier:* ein Anblick
le sport I 7A der Sport
un sportif/une sportive I 7A ein Sportler/eine Sportlerin
un stand I 3A ein (Markt)Stand
une star II 5B ein Star
une station I 10A eine Station/Haltestelle
une station de métro **I 10A** eine U-Bahnstation/Metrostation
une station II 5A *hier:* ein Sender
une station thermale II 6A ein Kurort/Badeort
une station de sports d'hiver II 6B ein Wintersportort
une statue II 1B eine Statue/Skulptur
une stratégie I ⟨**3N**⟩ eine Strategie *(eine Technik, die man anwendet, um ein Ziel zu erreichen)*
un studio II 5A ein Studio
un stylo I ⟨**2N**⟩ ein Kugelschreiber/Füller
un succès II 4B ein Erfolg
une sucette I 6A ein (Dauer)Lutscher
le sucre II 4A,4 der Zucker
des sucreries *(f., pl.)* **I 7A** Süßigkeiten
la suite I 2B,5 die Fortsetzung
Super! *(fam.)* **I 3B** Super!/Toll! *(ugs.)*
un supermarché I 8A ein Supermarkt
sur I 2A auf/über
être **sûr/sûre de faire qc I 10A** sicher/gewiss sein etw. zu tun
le surf II 9A das Wellenreiten
surprendre qn II 8A jdn. überraschen
une surprise I 8B eine Überraschung
surtout I 10B vor allem/besonders
surveiller qn II 9B jdn. überwachen
survoler qc II 6A etw. überfliegen
un sweat *(fam.)* **II 1A,3** ein Sweatshirt *(ugs.)*
un symbole I 10B ein Symbol
sympathique I 9A sympathisch
sympa *(fam.)* **I 6A** sympathisch *(ugs.)*

T

un T-shirt II 1A,3 ein T-Shirt
le tabac II 8B der Tabak
une table I ⟨**2N**⟩**, 6A** ein Tisch
à table **I 6A** bei/am Tisch
un tableau/des tableaux I 9A,9 eine (Wand)Tafel/(Wand)Tafeln
une tablette de chocolat I 7B eine Tafel Schokolade
la taille II 2A die (Kleider)Größe
taper II 2B schlagen
taper dans le ballon **I 3B** gegen den Ball treten/den Ball spielen
tard II 2A spät *(Adverb)*
une tarte I 8A ein Obstkuchen
une tarte aux pommes II 4B ein Apfelkuchen
une tasse II 3B,6 eine Tasse
un taureau/des taureaux II 9B ein Stier/Stiere
une télécarte II 8B eine Telefonkarte
le téléphone I 8A das Telefon
par téléphone **II 5A** telefonisch
téléphoner à qn I 6B jdn. anrufen
la télévision I 5 das Fernsehen
la télé *(fam.)* **I 5** das Fernsehen *(ugs.)*
regarder la télé(vision) **I 5** fernsehen
aimer la télé **I 5** gern fernsehen/Fernsehen mögen
à la télé **I 5** im Fernsehen
la température II 6B,1 die Temperatur
une tempête II 7 ein Sturm/Unwetter
le temps I 8A die Zeit
avoir le temps de faire qc **II 1A** (die) Zeit haben etw. zu tun
ces derniers temps **II 6A** in der letzten Zeit
le temps II 6B das Wetter
Quel temps fait-il? **II 6B,1** Wie ist das Wetter?
Il fait un temps magnifique. **II 6B** Es ist herrliches Wetter.
Il fait beau (temps). **II 6B** Es ist schön(es Wetter).

tenir qc II 2A etw. halten
Tiens, regarde. **I 6A** Da, sieh mal.
Tiens, tiens! **II 2A** Sieh da!/Sieh an!
tenir un journal **II 9B** ein Tagebuch führen/schreiben
une tente II 3A ein Zelt
terminer qc I 7A etw. beenden
le terrain II 2B *hier:* das Spielfeld
une terrasse I 3A eine Terrasse
terrible II 3A schrecklich/fürchterlich
la tête I 7A der Kopf
un texte I 2B, 1 ein Text
un TGV I 4 ein TGV *(frz. Hochgeschwindigkeitszug, ähnlich dem ICE)*
le thé II 4A, 2 der Tee
un ticket I 10A ein Ticket/Fahrschein
un ticket de métro **I 10A** ein Metrofahrschein
un timbre II 8B eine Briefmarke
une tisane II 8C ein Kräutertee
le tissu II 1B der Stoff
un titre I 7B, 5 ein Titel
un titre de livre/des titres de livres **I 7B,** 5 ein Buchtitel/Buchtitel
les toilettes *(f.)* **II 3A** die Toilette
un toit II 3B ein Dach
une tomate I 8A, 4 eine Tomate
un tombeau/des tombeaux I 10B ein Grabmal/Grabmäler
tomber I 6B fallen/hinfallen
Ça tombe bien/mal. **II 2A** Das trifft sich gut./Das kommt ungelegen.
tôt II 2A früh *(Adverb)*
toujours I 4 immer
toujours **I 9B** immer noch
un tour I 3B ein (Spazier)Gang/Rundgang
C'est le tour de Luc. **I 6B** Luc ist an der Reihe.
C'est mon tour. **I** ⟨**7N**⟩ Ich bin dran./Ich bin an der Reihe.
le Tour de France II 2A die Tour de France *(alljährliches Radrennen)*
une tour I 6A ein Turm/Hochhaus
un/une touriste I 10B ein Tourist/eine Touristin
tourner I 7B abbiegen/drehen
La chance a tourné. **II 2B** Das Glück hat sich gewendet.
tous/toutes *(als Begleiter)* **II 6A** alle *(+Nomen)*
tout/toute *(als Begleiter)* **II 6A** ganz *(+Nomen)*
tout I 8A alles
tout à coup I 8A plötzlich
tout de suite II 6A sofort
tout droit I 7B geradeaus
tout le monde I 7A alle/jeder/alle Welt
le trac *(fam.)* **II 5A** das Lampenfieber/der Bammel *(ugs.)*
avoir le trac *(fam.)* **II 5A** Lampenfieber haben *(ugs.)*
un train I 9A, 3 ein Zug
un tram I 10A, 7 eine Straßenbahn
un travail/des travaux II 1A eine Arbeit/Arbeiten
Au travail! **II 1A** An die Arbeit!
des travaux **II 3B** *hier:* Straßenbauarbeiten
travailler I 2A arbeiten
traverser qc I 7B etw. überqueren
très I 7A sehr
triste II 1B traurig
la 3e = la troisième II 2C *Klassenbezeichnung; entspricht dem 9. Schuljahr*
le/la troisième … I 7B, 6 der/die/das dritte …
trop I 5 zu viel
un trou II 7 ein Loch
un troupeau/des troupeaux II 7 eine Herde/Herden
une trousse I ⟨**2N**⟩ ein Federmäppchen/Etui
trouver qc I 2A etw. finden
trouver qc beau **II 1A** etw. schön finden
se trouver **II 7** sich befinden
un truc *(fam.)* **II 8A** ein Ding/eine Sache *(ugs.)*
tuer qn II 9B jdn. töten
une tuile II 7 ein Dachziegel/eine Dachpfanne

U

une université II 3B eine Universität
une usine II 7 eine Fabrik

V

les vacances *(f., pl.)* **I 9A** die Ferien/der Urlaub
passer ses vacances **I 9A** seine/ihre Ferien, seinen/ihren Urlaub verbringen
en vacances **I 9A** in Ferien/im Urlaub
une vache II 7 eine Kuh
une vague II 9B eine Welle
un veau II 7 ein Kalb
une vedette I 8B ein Star/ein Hauptdarsteller/eine Hauptdarstellerin
un vélo I 10A, 7 ein Fahrrad
à vélo **II 3B** mit dem Fahrrad
vendre qc II 5B etw. verkaufen
vendredi *(m.)* **I 9A,** 4 Freitag
venir II 2A kommen
venir de faire qc **II 7** gerade etw. getan haben
Il va et vient. **II 9A** *hier:* Er läuft hin und her.
le vent II 7 der Wind
le ventre I 7B der Bauch
un verbe I 2A, 3 ein Verb
un verre I 5 ein Glas
vers II 7 in Richtung auf/gegen
avancer vers qc/qn **II 7** auf etw./jdn. zugehen/zukommen
vert/verte II 1A grün
un vêtement I 3A ein Kleidungsstück
la vie II 1A das Leben
vieux/vieil/vieille II 3B alt
un village II 5B ein Dorf
une ville I 9A, 5 eine Stadt
en ville **II 3B** in der Stadt
le vin II 4A der Wein
violet/violette II 1A, 3 violett
un virage I 6B eine Kurve
une visite I 7B ein Besuch
rendre visite à qn **I 7B** jdn. besuchen
visiter qc I 9A etw. besichtigen
vite I 7A schnell
la vitesse II 9B die Geschwindigkeit
à toute vitesse **II 9B** mit höchster Geschwindigkeit
une vitrine II 8A das Schaufenster; *hier:* die Auslage
vivre II 6A leben
vivre qc **II 6A** etw. erleben; *hier:* etw. durchmachen
Vive … ! **II 9A** Es lebe(n) … !
le vocabulaire I 2B, 2 der Wortschatz/das Vokabular
voilà I 6A da/dort ist/sind
Voilà pour aujourd'hui. **I 7A** Das wär's für heute.
le/la/les voilà **I 10A** da ist er/sie; da sind sie
voir qn/qc I 10A jdn./etw. sehen
un voisin/une voisine I 1 ein Nachbar/eine Nachbarin
une voiture I 8B ein Auto

un vol II 6A,5 ein Flug
le volant II 6B das Steuer/Lenkrad
  au volant **II 6B** am Steuer
un volcan II 6A ein Vulkan
voler qc à qn II 1B jdm. etw. stehlen
voler II 6B fliegen
un voleur/une voleuse II 1C,4 ein Dieb/eine Diebin
le volley(-ball) II 2A das Volleyballspiel
vomir II 8C sich übergeben/brechen
  l'envie de vomir **II 8C** der Brechreiz
vouloir qc I 8A etw. wollen
  je voudrais ... **I 8A** ich möchte ...
  vouloir faire qc **I 8A** etw. tun wollen
  Je veux bien. **II 4A** (Ich möchte) gern.
un voyage II 9A eine Reise
vrai/vraie I 4,1 wahr/richtig
  Vrai ou faux? **I 4,1** Richtig oder falsch?
  en vrai **II 3B** in Wirklichkeit
une vue I 10B eine Aussicht/ein Ausblick

W

un week-end I 10A ein Wochenende

Y

y
  il y a **I 3A** es gibt/es ist/es sind
  Il n'y en a plus. **II 4B** Es gibt keinen mehr (davon).
  Je n'y ai pas pensé. **II 8B** Ich habe nicht daran gedacht.
  On peut y acheter des timbres. **II 8B** Man kann dort Briefmarken kaufen.
  On y va? **II 8B** Gehen wir?
  Ça y est? **II 9A** *hier:* Klappt's?

Z

zéro I ⟨7N⟩ null

Prénoms masculins

Ahmed **I 3B**
Antoine **II 3A**
Arthur **I 1**
Benoît **II 9A**
Bernard **I 1**
Charles **I 1**
Clément **II 4B**
Florent **II 7**
Franck **II 4B**
François **I 6B**
Gilles **II 5A**
Jean-Pierre **II 4A**
Jules **I 6B,7**
Julien **I 1**
Junior **II 1A**
Laurent **I 7A**
Luc **I 3B**
Ludovic **II 3A**
Ludo **II 3A**
Marc **II 4A,4**
Marcel **II 7**
Martin **I 1,9**
Maurice **II 7**
Patrick **I 4**
René **I 5**
Sébastien **II 2A**
Sébas **II 2B**
Serge **II 5A**
Stéphane **II 9A**

Prénoms féminins

Anne **II 5B**
Annette **I 8B,3**
Brigitte **I 1,4**
Catherine **I 1**
Cathy **I 2B,6**
Céline **II 1A**
Christine **I 1,1**
Delphine **II 5A**
Elodie **II 6A,4**
Emilie **II 8A**
Fabienne **II 5A**
Fanny **II 5A**
Françoise **I 9B,1**
Hélène **II 2A**
Isabelle **I 1**
Julie **I 2B**
Karima **II 4B**
Marie **I 4**
Martine **I 1,9**
Minnie **I 2B**
Muriel **II 7**
Nathalie **I 3B**
Nicole **I 10A**
Sonia **II 1A**
Stéphanie **II 4A,4**
Vanessa **II 5B**
Véronique **II 6B,5**
Yasmina **I 6A,2**

Noms de famille

Bernard **II 8C**
Blanchard **I 1**
Charvet **I 9A**
Cornille **II 1C**
Costa **II 5A**
Dixier **II 7**
Forestier **II 6A**
Grande **I 6B,7**
Lacombe **I 1**
Lacroix **I 4**
Lecombe **I 1,9**
Monnin **II 4A**
Noblet **I 5**
Pennec **I 7A**
Petit **I 6B,7**
Rigot **I 1**
Roche **I 8A**
Saïd **I 6A,2**
Sorel **II 3A**

Noms de villes

Aix-la-Chapelle **I 9A,3**
Bâle **II 9A**
Berlin **I 9A**
Biarritz **II 9B**
Bordeaux **I 3A,6**
Le Bourgnon **II 7**
Brest **I 3A,6**
Bruxelles **I 9A,3**
Calais **I 3A,6**
Clermont-Ferrand **II 1B**
Colmar **II 8B,3**
Cologne **I 9A,3**
Concarneau **II 8A**
Courpière **II 5B**
Dax **II 9B**
Dresde **II 3A**
Fontainebleau **I 4**
Hossegor **II 9A**
Le Puy **II 4B,4**
Lille **I 3A,6**
Limoges **I 3A,6**
Lucerne **II 8C**
Lyon **I 3A,6**
Marseille **I 3A,6**
Moscou **I 9A,3**
Orléans **I 3A,6**

Paris **I 1**
Rennes **I 4**
Riom **II 7**
Saint-Malo **I 7A**
Strasbourg **I 3A,** 6
Super-Besse **II 6B**
Toulouse **I 3A,** 6

Noms géographiques

l'Allemagne *(f.)* **I 9B** Deutschland
l'Autriche *(f.)* **II 8A** Österreich
l'Auvergne *(f.)* **II 3B** die Auvergne
la Bretagne **II 8A** die Bretagne
l'Elbe *(f.)* **II 9B,** 4 die Elbe
la France **I 9B** Frankreich
la Loire **II 9B,** 4 die Loire *(Fluss in Frankreich)*
le Mont-Blanc **II 9B,** 4 der Mont-Blanc *(höchster Berg Frankreichs und Europas, 4807 m hoch)*
le Pays Basque **II 9B** das Baskenland
le Puy de Dôme **II 2A** *Berg in der Nähe von Clermont-Ferrand (1465 m hoch)*
le Puy de Sancy **II 6B** *Berg in der Auvergne (1885 m hoch)*
la Seine **I 9A** die Seine *(Fluss in Frankreich)*
la Suisse **II 8C** die Schweiz
la Vendée **II 8C** die Vendée *(Gegend in Westfrankreich, an der Atlantikküste gelegen)*
les Vosges *(f., pl.)* **II 8B** die Vogesen

Noms divers

Alma-Marceau **I 10A** *Metrostation in Paris*
Astérix **I ⟨8N⟩** *Name des Haupthelden einer berühmten frz. Comicstrip-Reihe*
le Centre (Georges-)Pompidou **II 1B** das Centre Pompidou *(Kunst und Kulturzentrum in Paris)*
Charles-de-Gaulle-Etoile **I 10A** *Platz/Metrostation in Paris*
les CRS **II 9B** *Spezialeinheit der frz. Polizei*
Denfert-Rochereau **I 10A** *Metrostation in Paris*
Dracula **II 3A** Dracula
Forestair **II 6B** *hier: Firmenname*
France Télécom **II 2A** *entspricht der Deutschen Telekom*
la gare du Nord **I 9A** *Bahnhof in Paris*
la gare Montparnasse **I 7B** *Bahnhof in Paris*
Gilles Floret **II 5A** *frz. Popsänger*
l'Hôtel des Invalides **I 10B** *historisches Bauwerk in Paris (heute u. a. mit dem Armee-Museum und dem Grabmal Napoleons)*
Idéfix **I ⟨8N⟩** *Hund von Obélix*
l'île de la Cité **I 10B** *Seine-Insel in Paris*
Mairie-de-Montreuil **I 10A** *Metrostation in Paris*
Michelin **II 6A** *frz. Reifenfabrik; in Clermont-Ferrand ansässig*
Montparnasse **I 6A** *Stadtviertel von Paris*
le musée d'Orsay **I 10B** *Museum in Paris (u. a. Gemälde der Impressionisten), früher Bahnhof*
le musée du Louvre **I 10B** *Museum in Paris (u. a. Gemälde, Skulpturen, Altertumssammlungen)*
Notre-Dame **I 10B** *gotische Kathedrale in Paris (erbaut 1163-1245)*
l'Obélisque *(m.)* **I 10B** *vierkantige, spitze Säule (Obelisk), die auf der Place de la Concorde steht*
Obélix **I ⟨8N⟩** *Freund von Astérix*
Okapi **II 4A** *frz. Jugendzeitschrift*
le palais de Chaillot **I 10B** *Museumsgebäude in Paris (u. a. Marine-Museum, Museum der Geschichte des Menschen)*
la place de Jaude II 3B *Platz in Clermont-Ferrand*
la place de la Concorde **I 10B** *Platz in Paris*
le pont de l'Alma **I 10A** *Brücke in Paris*
la Pyramide **I 10B** *Pyramide aus Glas, die im Hof des Louvre steht*
la rue d'Aboukir **II 1C** *Straße in Paris (im 2. Bezirk)*
la rue du Sentier **II 1A** *Straße in Paris (im 2. Bezirk)*
la tour Eiffel **I 10B** der Eiffelturm *(erbaut 1889 nach Plänen des frz. Ingenieurs Gustave Eiffel, 320 m hoch)*
la tour Montparnasse **I 6A** *Hochhaus in Paris (210 m hoch)*
Trocadéro **I 10A** *Platz/Metrostation in Paris*

Noms de personnes connues

Claire Bretécher **II 2C,** 2 *bekannte französische Zeichnerin, geb. 1943*
Patrick Bruel **I 5,** 13 *frz. Popstar und Schauspieler*
Albert Camus **II 5A** *frz. Schriftsteller, 1913–1960*
Jacques Daguerre **I 3A** *Erfinder der Fotografie, 1787–1851*
Napoléon **I 10B** Napoleon Bonaparte, *frz. Kaiser von 1804–1815*
Blaise Pascal **II 3B** *frz. Mathematiker und Philosoph, 1623–1662*
Niki de Saint-Phalle **II 1B** *frz. Malerin und Bildhauerin, geb. 1930*
Vercingétorix **II 3B** Vercingetorix *(72–46 vor Christus, Anführer der Arverner)*
François Villon **I 9A** *frz. Dichter, 1431–ca. 1463*

Pour faire les exercices du livre

Hier sind die Übungsanweisungen des zweiten Bandes zusammengestellt, die nicht in der *Liste des mots* aufgeführt sind.

	L	Ex.	S.	
Filmez les scènes avec **une caméra vidéo.**	**7**	9	76	Filmt die Szenen mit **einer Videokamera**.
Lisez **le chapitre** I.	**7**	1	72	Lest **das Kapitel** I.
Ecrivez les phrases **complètes** dans votre cahier.	**5 P**		104	Schreibt die **vollständigen** Sätze in euer Heft.
Mettez **le contraire**.	**6 B**	2	65	Verwendet **das Gegenteil**.
Quel est le résumé qui **correspond** *(=correspondre)* au texte?	**2 A**	1	18	Welches Resümee **entspricht** dem Text?
Expliquez **les degrés** de l'adjectif.	**9 N**		91	Erklärt **die Steigerung** des Adjektivs.
Répondez **par écrit.**	**9 B**	2	94	Antwortet **schriftlich**.
Quelles **erreurs** est-ce qu'il y a dans le résumé?	**2 A**	1	18	Welche **Irrtümer** gibt es in dem Resümee?
la formation des mots	**2 B**	4	23	**die Wortbildung**
Faites **une grille** dans votre cahier.	**1 P**		99	Legt in eurem Heft **ein Raster** an.
Regardez les **images** *(f.)*.	**1 B**	6	13	Schaut euch die **Bilder** an.
Trouvez les **infinitifs** *(m.)*.	**1 N**		13	Findet die **Infinitive**.
Voilà les **information**s importantes.	**1 B**	1	11	Hier sind die wichtigen **Informationen.**
Employez **l'interrogation par inversion.**	**8 C**	6	84	Verwendet **die Inversionsfrage.**
Les adjectifs «orange» et «marron» sont **invariables**.	**1 A**	3	9	Die Adjektive ... sind **unveränderlich**.
Regardez dans **le livret de grammaire.**	**5 A**	2	49	Schaut im **Grammatischen Beiheft** nach.
Prenez **des notes**.	**3 P**		99	Macht **Notizen**.
Combien de **paires** *(f.)* est-ce que vous trouvez?	**7**	2	72	Wie viel **Paare** findet ihr?
Vous trouvez des mots entre **parenthèses** *(f.)* pour vous aider.	**4 A**	1	39	Ihr findet Wörter in **Klammern**, um euch zu helfen.
Trouvez des exemples qui ne **font** pas **partie de** ces groupes.	**2 B**	4	23	Findet Beispiele, die nicht **zu** diesen Gruppen **gehören**.
Combien de **personnes** parlent dans cette publicité?	**1 P**		99	Wie viel **Personen** sprechen in dieser Werbesendung?
décrire **le physique** de qn	**2 C**	1	24	**das Aussehen** einer Person beschreiben
Dites **de quoi** on parle dans ce texte.	**6 A**	1	60	Sagt, **wovon** dieser Text handelt.
Reliez les deux phrases.	**5 P**		104	**Verbindet** die beiden Sätze.
Remplissez *(=remplir)* la grille.	**1 P**		99	**Füllt** das Raster **aus**.
Résumez cette partie en quelques phrases.	**7**	1	72	**Fasst** diesen Teil in wenigen Sätzen **zusammen.**
Pour en **savoir** plus ...	**8 A**	2	78	Um mehr darüber zu **erfahren** ...
Expliquez les mots **soulignés**.	**7 P**		101	Erklärt die **unterstrichenen** Wörter.
Faites l'exercice **suivant**.	**5 P**		104	Macht die **folgende** Übung.

Textes supplémentaires sur la cassette de l'élève

Leçon 5 B (p. 53)

Fabienne: Pose ta question, Marie.
Marie: Elle est super, votre émission.
Antoine: Merci.
Marie: Dis, Gilles, qui est-ce que tu aimes?
Gilles: J'aime mes parents, j'aime les chanteurs français et j'aime le public.
Marie: Est-ce que tu peux m'envoyer une photo dédicacée?
Gilles: Bien sûr.
Antoine: Ne quitte pas, Marie. On va prendre ton adresse.
Dernière question des auditeurs avant la pub. François, c'est à toi. Gilles t'écoute.
François: Gilles, comment est-ce que tu vois ton avenir?
Gilles: Je n'aime pas penser à l'avenir. Quand je chante, quand je suis sur scène, je suis le centre du monde, et ça me plaît. C'est un moment magnifique. Il est difficile d'imaginer une fin à cette très belle histoire. J'aime le succès, mais je sais que ça ne va pas toujours durer, et ça me fait peur. L'avenir, pour moi, c'est demain. C'est ma première tournée en France que je prépare en ce moment. Voilà, c'est tout.
Antoine: Au revoir, François.
Fabienne: Quand tu rencontres des jeunes, qu'est-ce qu'ils te demandent?
Gilles: Ils me demandent comment j'ai fait pour réussir, comment il faut faire pour avoir du succès, etc., etc.
Antoine: Et qu'est-ce que tu leur dis?
Gilles: Je leur raconte mon histoire. Et puis, je leur dis qu'il faut croire et vouloir.
Fabienne: Avant le grand succès de «Tu viens de loin», tu as fait d'autres chansons. Est-ce qu'il y a un message dans tes chansons?
Gilles: Non, je n'ai pas de message. Mais je crois très fort à l'amitié, à la tolérance. J'aime parler des gens et de leurs problèmes, j'aime les rencontrer. Je n'aime pas les frontières entre les hommes.
Antoine: Rendez-vous sur Radio Ados, pour la suite de ce numéro exceptionnel de «Découvertes» avec Gilles Floret, après la pub.
Fabienne: Merci de rester avec nous sur Radio Ados.

Leçon 8 A (p. 77)

Un monsieur sort du magasin: «Bonjour, les jeunes.»
Emilie: Bonjour, monsieur.
Stefan: Bonjour.
Le monsieur monte sur sa mobylette et part.
Stefan: Qui est-ce?
Emilie: C'est un voisin avec qui papa va à la pêche.
Stefan: «Lapêche», où est-ce?
Emilie: En mer, bien sûr!
Stefan: En «Mer»? Où est-ce? Je ne connais pas cette région.
Emilie: Ce n'est pas une région! Tu te moques de moi?
Stefan: Ah non! Mais je ne comprends plus rien. S'il te plaît, tu peux m'expliquer les mots que tu viens de dire: «Lapêche ...?»
Emilie: Eh bien, aller à la pêche, ça veut dire ... prendre des poissons. Et la mer ...
Stefan: Ah oui, bien sûr! C'est presque le même mot en allemand: «Meer.»
Emilie: Ouf! ... Viens, on entre. Et maintenant, c'est à toi de parler!

Bildquellen

BAYARD PRESSE, Paris: 38.1; 42.1; 67.1; 74.1; 76.1; 81.1; 91.1; 104.2 – Norbert Becker, Mainz: 27.2; 32.1; 33.2 – Casterman, Tournai: 44.2 – Claire Bretécher, Paris: 25; 103.1 – Carolus-Magnus-Kreis e.V., Ludwigsburg: 83.2 und 3 – C. Charillon, Paris: 94.1 – Diogenes, Zürich: 41.1 – 6 – Franquin Editions Dupuis, Charleroi, Belgique: 85.1 – 6; 89.1 – Explorer, Paris 79.1 – Fondation pour la Vie, La Tour-de-Peilz: 104.1 – France-Soir, Paris: 100.2 – Gamma, Paris: 10.1; 69.2; 83.1; 87.2; 88.3; 92.3 – Lauros Giraudon, Paris: 59.1 – Studio Leonardo, Sprl, Marcinelle, Belgique: 44.4 – Humano SA, Genève – Les Humanoïdes associés: 8.1; 75.3 – IFA-Bilderteam, München: 105.1 – Jerrican, Paris: (Galia) Einband; 20.2; 45.1; 65.1; 77.1; 93.1; 102.1 – Klett-Archiv, Stuttgart: 44.1; 113.1 – Librairie Larousse, Paris: 57.1; 137.1 – Marco Polo, Paris: (F. Bouillot) 17.1 – Danyel Massacrier, Clermont-Ferrand: 27.1; 36.1; 64.1 et 2; 67.1; 69.1 – Mauritius, Stuttgart: 29.1 – Manufacture Française des pneumatiques Michelin, Paris: 102.2 – Neumann und Zörlein, Stuttgart: 52.1; 53.1 – Office du Tourisme, Besse: 64.2 – Office de Tourisme, Hossegor: 92.2 – Okapia, Frankfurt: 73.1 – 5 – Rapho, Paris: 7.1; 30.1; 40.1; 65.2 und 3; 66.1 und 2; 79.2; 88.1 und 2; 93.3 und 4 – RATP, Paris: 100.1 – Les Editions Albert René, Paris: 44.1 – SCOPE, Paris: 63.1; 65.4 – Shop-Photo, LePuy-en-Velay: 15.3; 63.2 – Tony Stone, München: 97 et 98 – Agence Top, Paris: 75.2; 80.1; 92.1; 93.2; 103.2 – Ville de Clermont-Ferrand: 36 – Witness Stock, Paris: 7.2; 82.1 und 2 – Zefa, Stuttgart: 17.2

Bedauerlicherweise konnten wir trotz aller Bemühungen nicht alle Nutzungsberechtigten ausfindig machen.

Clermont - Ferrand

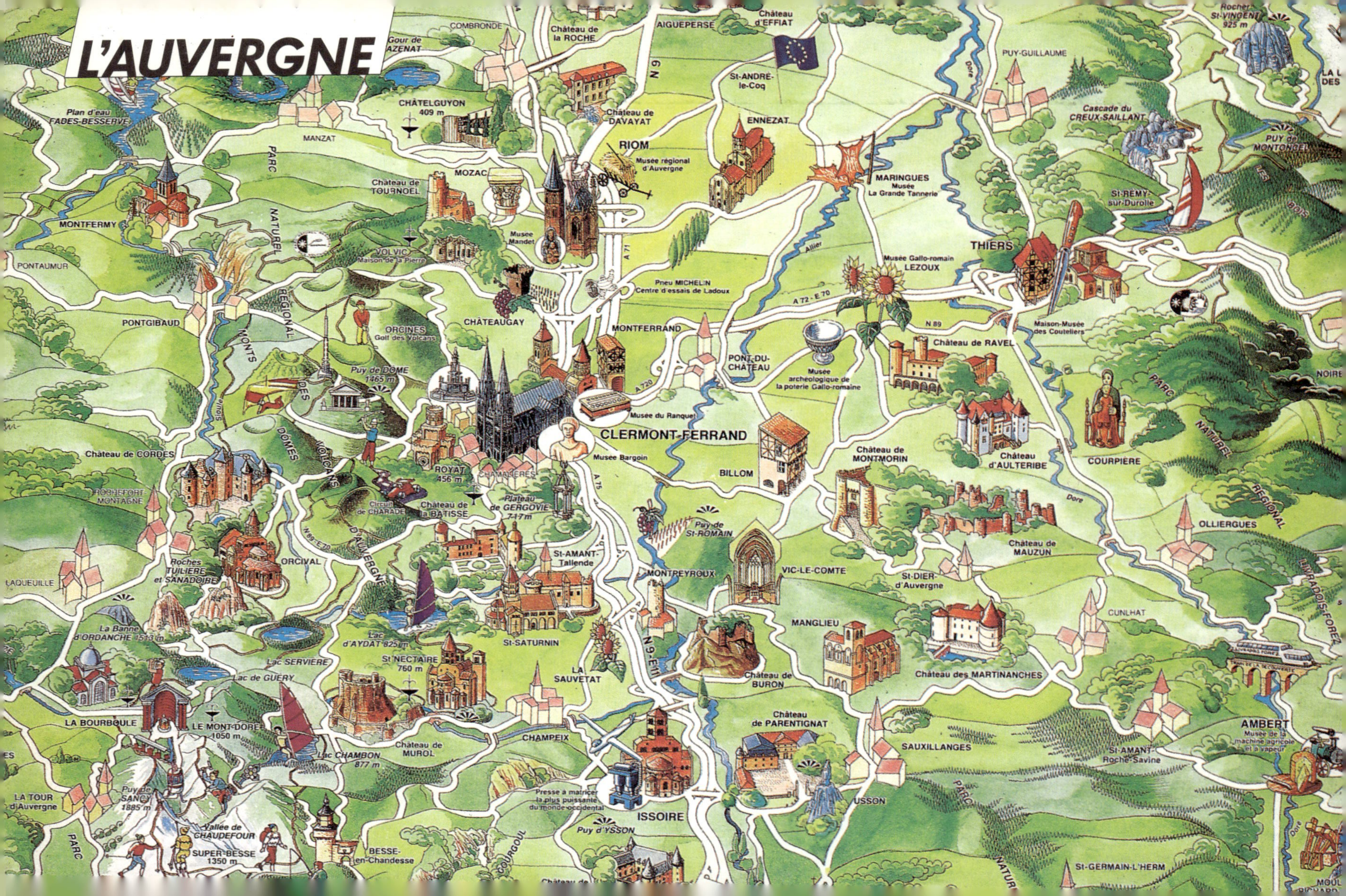
L'AUVERGNE
Gour de TAZENAT
COMBRONDE
Château de la ROCHE
AIGUEPERSE
Château d'EFFIAT
N 9
St-ANDRÉ-le-Coq
PUY-GUILLAUME
Rocher St-VINCENT 925 m
Plan d'eau FADES-BESSERVE
CHÂTELGUYON 409 m
MANZAT
Château de DAVAYAT
RIOM
Musée régional d'Auvergne
ENNEZAT
Cascade du CREUX-SAILLANT
PUY de MONTONCEL
PARC NATUREL RÉGIONAL
Château de TOURNOEL
MOZAC
MARINGUES
Musée La Grande Tannerie
St-RÉMY-sur-Durolle
MONTFERMY
Musée Mandet
VOLVIC Maison de la Pierre
A 71
Allier
THIERS
PONTAUMUR
Pneu MICHELIN Centre d'essais de Ladoux
Musée Gallo-romain LEZOUX
A 72 - E 70
PONTGIBAUD
ORCINES Golf des Volcans
CHÂTEAUGAY
MONTFERRAND
N 89
Maison-Musée des Couteliers
MONTS DES DÔMES
Puy de DÔME 1465 m
PONT-DU-CHÂTEAU
Musée archéologique de la poterie Gallo-romaine
Château de RAVEL
NOIRE
Sioule
A 720
Musée du Ranquet
CLERMONT-FERRAND
Musée Bargoin
Château de CORDES
VOLCANS D'AUVERGNE
ROYAT 456 m
CHAMALIÈRES
BILLOM
Château de MONTMORIN
Château d'AULTERIBE
COURPIÈRE
ROCHEFORT-MONTAGNE
Circuit de CHARADE
Château de la BATISSE
Plateau de GERGOVIE 717 m
A 75
Puy de St-ROMAIN
Dore
OLLIERGUES
Roches TUILIÈRE et SANADOIRE
ORCIVAL
N 89 - E 70
St-AMANT-Tallende
MONTREYROUX
VIC-LE-COMTE
Château de MAUZUN
LAQUEUILLE
St-DIER-d'Auvergne
LIVRADOIS-FOREZ
CUNLHAT
La Banne d'ORDANCHE 1513 m
Lac d'AYDAT 825 m
St-SATURNIN
MANGLIEU
St NECTAIRE 750 m
LA SAUVETAT
N 9 - E 11
Château de BURON
Château des MARTINANCHES
Lac SERVIÈRE
Lac de GUÉRY
LA BOURBOULE
LE MONT-DORE 1050 m
Château de PARENTIGNAT
AMBERT
Musée de la machine agricole et à vapeur
CHAMPEIX
Château de MUROL
SAUXILLANGES
St-AMANT-Roche-Savine
Lac CHAMBON 877 m
LA TOUR d'Auvergne
Puy de SANCY 1885 m
Presse à matricer la plus puissante du monde occidental
ISSOIRE
USSON
Vallée de CHAUDEFOUR
SUPER-BESSE 1350 m
Puy d'YSSON
COURGOUL
BESSE-en-Chandesse
St-GERMAIN-L'HERM
PARC